Don de Dios • God's Gift

La Eucaristía
Eucharist

para programas parroquiales y escolares • *for Parish and School Programs*

LOYOLA PRESS.
UN MINISTERIO JESUITA
A JESUIT MINISTRY

Reconocimientos

Cantos

"Somos familia" (página v). Texto y música de Lorenzo Florián. Copyright © 2004, World Library Publications, Franklin Park, IL. www.wlpmusic.com. Todos los derechos reservados. Usado con permiso.

"Tu Palabra es una lámpara" (página v) / "Your Word Is a Lamp." Texto inglés original y música de James V. Marchionda. Traducción al español por Peter M. Kolar. Copyright © 2004, 2007, World Library Publications, Franklin Park, IL. www.wlpmusic.com. Todos los derechos reservados. Usado con permiso.

"Vamos ya" (página v) / "We Go Forth." Texto inglés original y música de James V. Marchionda. Traducción al español por Peter M. Kolar. Copyright © 2004, 2007, World Library Publications, Franklin Park, IL. www.wlpmusic.com. Todos los derechos reservados. Usado con permiso.

Extractos tomados del *Misal Romano* © 2003 Obra Nacional de la Buena Prensa, A.C., Conferencia del Episcopado Mexicano. Todos los derechos reservados.

Loyola Press ha hecho todos los intentos posibles por localizar a los propietarios de los derechos de autor de las obras citadas en la presente obra a fin de hacer un reconocimiento pleno de la autoría de su trabajo. En caso de alguna omisión, Loyola Press se complacerá en reconocer el crédito en las ediciones futuras.

Acknowledgments

Songs

"Children of the Lord" (page v). Text and music by James V. Marchionda. Copyright © 1986, World Library Publications, Franklin Park, IL. www.wlpmusic.com. All rights reserved. Used by permission.

"Your Word Is a Lamp" (page v). Text and music by James V. Marchionda. Copyright © 2004, World Library Publications, Franklin Park, IL. www.wlpmusic.com. All rights reserved. Used by permission.

"We Go Forth" (page v). Text and music by James V. Marchionda. Copyright © 2004, World Library Publications, Franklin Park, IL. www.wlpmusic.com. All rights reserved. Used by permission.

Excerpts from the English translation of *The Roman Missal* © 2010, International Commission on English in the Liturgy Corporation. All rights reserved.

Loyola Press has made every effort to locate the copyright holders for the cited works used in this publication and to make full acknowledgment for their use. In the case of any omissions, the publisher will be pleased to make suitable acknowledgments in future editions.

Traducción y adaptación/*Translation and adaptation:* Miguel Arias y Santiago Cortés-Sjöberg/Loyola Press

Diseño de portada/*Cover art:* Susan Tolonen

ISBN-13: 978-0-8294-4121-5, ISBN-10: 0-8294-4121-2

Copyright © 2016 Loyola Press

LOYOLAPRESS.
UN MINISTERIO JESUITA
A JESUIT MINISTRY

3441 N. Ashland Avenue
Chicago, Illinois 60657
(800) 621-1008
www.loyolapress.com

Impreso en los Estados Unidos de América.
Printed in the United States of America.

17 18 19 20 21 22 Web 10 9 8 7 6 5 4 3 2

Índice

Contents

Al abrir este libro,
recuerdo lo mucho que Dios me ama
y su llamado a unirme a él
y a toda su creación.

Gracias, Dios mío,
por darme el sacramento de la Eucaristía
como señal de tu amor y de tu presencia
en mi vida.

As I open this book,
I remember how much God loves me
and calls me to be one with him
and all creation.

Thank you, God,
for giving me the Sacrament of the Eucharist
as a sign of your love and presence
in my life.

Somos familia

Estribillo:
Somos familia, familia de Dios.
Somos hermanos, hermanas en fe.
Juntos forjamos el porvenir.
Compartiremos con Dios su amor.

Estrofas:
1. Niños, ancianos y jóvenes, ya
vengan a Cristo; sentimos su amor.
Con nuestras voces cantamos a Dios.
Somos familia, familia de Dios.

2. Cuando las manos unidas estén,
Dios en el cielo feliz se pondrá.
Lazos de amor y paz el mundo verá.
Somos familia, familia de Dios.

Tu Palabra es una lámpara

Tu Palabra, Señor, es una lámpara;
una lámpara para mis pies.
Tu Palabra, Señor, tu Palabra, Señor,
es una lámpara para mis pies.

Vamos ya

Se repite cada frase después del guía:

Bendícenos,
oh, Señor:
queremos ser tus santos.

Discípulos
seremos;
iremos en tu nombre.

Children of the Lord

We are children of the Lord.
We are children of the Lord.
We are sisters, we are brothers,
We are family in the Lord.

Sound the trumpet! Ring the bell!
Let us sing our song of joy!
God will love us and protect us.
We are children of the Lord!

We are holy in the Lord.
We are holy in the Lord.
We are thoughtful, we are prayerful,
We are faithful to the Lord.

Sound the trumpet! Ring the bell!
Let us sing our song of joy!
God will grace us. God will save us.
We are children of the Lord!

Your Word Is a Lamp

Your word, O Lord, is a lamp;
Your word is a lamp for my feet.
Your word, O Lord, your word, O Lord,
Your word is a lamp for my feet.

We Go Forth

Repeat each line after the leader:

Bless us, Lord
As we go,
Help us to be holy.

Send us out
In your name
To be your disciples.

Pertenecer

La alegría de pertenecer

Pertenecer a una comunidad es algo bueno. Nos hace sentirnos seguros. Nos hace sentirnos parte de algo más grande que nosotros mismos.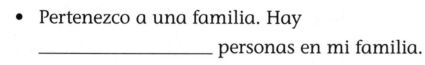

* Pertenezco a una familia. Hay

  _____ personas en mi familia.

* Pertenezco a una parroquia. El nombre de nuestra parroquia es

  _____.

* Pertenezco a una comunidad. Vivo en

  _____.

Oración

Dios amoroso, ayúdame a recordar que te pertenezco.

1

Belonging

The Joy of Belonging

Belonging is good. It makes us feel safe. It makes us feel like a part of something bigger.

- I belong to a family. There are _____five_____ people in my family.

- I belong to a <u>parish</u>. The name of our parish is <u>Christ our Savior</u>.

- I belong in my neighborhood. I live on <u>2521 S. Raitt street</u>.

Prayer

Loving God, help me to remember that I belong to you.

1

La venida del Espíritu Santo

Un día, los discípulos de Jesús y su mamá, la Virgen María, estaban rezando juntos. De repente, un viento muy fuerte sopló en la habitación donde estaban reunidos. Llamas como de fuego aparecieron sobre sus cabezas. Sin embargo, quienes estaban en esa habitación no se asustaron. El Espíritu Santo había venido, tal y como Jesús lo había prometido. Llenos del Espíritu Santo, los discípulos salieron a contarle a todo el mundo acerca de Jesús.

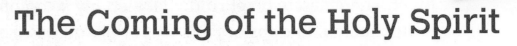

The Coming of the Holy Spirit

One day, Jesus' disciples and his mother, Mary, were praying together. All of a sudden, a mighty wind blew into the room with a roar. Flames like fire appeared over each person's head. Yet those in the room were not afraid. The Holy Spirit had come, just as Jesus had promised. Filled with the Holy Spirit, the disciples went out to tell the world about Jesus.

Mucha gente escuchó el ruido del viento y se aglomeró afuera de la habitación. El apóstol Pedro se dirigió a ellos. Les dijo que Jesús había muerto en la cruz, que había resucitado y ascendido al cielo. Les dijo que Jesús enviaba al Espíritu Santo desde el cielo. Les dijo que Jesús había venido para salvarlos.

adaptado de los Hechos de los Apóstoles 2:1–4,32–41

Many people heard the roar of the wind and gathered outside. The apostle Peter spoke to the crowd. He told them that Jesus died on the cross, rose from the dead, and ascended into Heaven. He told them that from Heaven, Jesus sent the Holy Spirit. He told the people that Jesus had come to save them.

adapted from Acts of the Apostles 2:1–4,32–41

Pertenecer a la Iglesia

Muchas de las personas que escucharon lo que Pedro predicaba se preguntaban: "¿Qué debemos hacer para ser salvados?". Pedro les contestó que debían arrepentirse de sus pecados y bautizarse. El libro de los Hechos de los Apóstoles nos dice que ese día se bautizaron unas ¡3,000 personas!

Al igual que las personas de los primeros siglos de la Iglesia, nosotros también somos bautizados. Mediante nuestro **Bautismo** nos unimos a Jesús y nos convertimos en miembros de la Iglesia católica. Recibimos una marca espiritual permanente de la gracia de Dios. El Bautismo nunca puede repetirse. Creemos en la Santísima **Trinidad**: Dios Padre, Dios Hijo y Dios Espíritu Santo. Creemos que Jesús, el Hijo de Dios, se hizo hombre para salvarnos. Cada vez que hacemos la Señal de la Cruz recordamos nuestra fe en la Santísima Trinidad.

¡El Bautismo te convierte en miembro de la Iglesia!

Belonging to the Church

Many of the people who heard Peter preaching asked, "What do we have to do to be saved?" Peter told them to be sorry for their sins and to be baptized. The Acts of the Apostles tells us that about 3,000 people were baptized that day!

Like the people in the early Church, we are also baptized. At our **Baptism**, we are joined to Jesus and become members of the Catholic Church. We receive a permanent spiritual sign of God's grace. Baptism can never be repeated. We believe in the Holy **Trinity**: God the Father, God the Son, and God the Holy Spirit. We believe that Jesus, the Son of God, became man to save us. Each time we make the Sign of the Cross, we remember our belief in the Trinity.

Baptism makes you a member of the Church!

Escucho la Palabra de Dios

Jesús dijo a sus discípulos: "Bautícenlos consagrándolos al Padre y al Hijo y al Espíritu Santo".

Mateo 28:19

Mi Bautismo

Piensa acerca de tu propio Bautismo. ¿Qué fotos has visto? ¿Qué historias has escuchado? Haz un dibujo de tu bautizo dentro del marco.

My Baptism

Think about your own Baptism. What pictures have you seen? What stories have you heard? Draw a picture of your Baptism inside the frame.

I Listen to God's Word

Jesus told his disciples, "Baptize them in the name of the Father, and of the Son, and of the holy Spirit."

Matthew 28:19

Pertenecer a Jesús

Nosotros queremos ser santos. Queremos seguir a Jesús. Sabemos que no siempre es fácil ser discípulos de Jesús. Pero, al igual que los primeros discípulos, el Espíritu Santo nos fortalece. Celebramos este hecho en el **sacramento** de la Confirmación. Un sacramento es una de las siete formas mediante las cuales la vida de Dios se hace presente en nuestra vida. La **Confirmación** deja una marca permanente en el alma. Somos fortalecidos con la gracia de Dios. Se nos confirma una sola vez en la vida. La Confirmación es uno de los **sacramentos de la Iniciación**, que nos hacen miembros plenos de la Iglesia. Los otros dos son el Bautismo y la Eucaristía.

Porque pertenecemos a la Iglesia, Jesús nos invita a reunirnos en la **misa** y a celebrar el sacramento de la **Eucaristía**. Esta es la celebración más importante de la Iglesia. Cuando estemos preparados, recibiremos la **Sagrada Comunión**.

Belonging to Jesus

We want to be holy. We want to follow Jesus. We know that it is not always easy to be Jesus' follower. But, just like the first disciples, we are made strong by the Holy Spirit. We celebrate this in the **Sacrament** of Confirmation. A sacrament is one of seven ways through which God's life enters our lives. **Confirmation** makes a permanent mark on the soul. We are strengthened with God's grace. We are confirmed only once. Confirmation is one of the **Sacraments of Initiation**, which make us full members of the Church. The other two are Baptim and Eucharist.

Because we belong to the Church, Jesus invites us to come together at **Mass** and celebrate the Sacrament of the **Eucharist**. This is the most important celebration in the Church. When we are ready, we will receive **Holy Communion**.

Seguir a Jesús

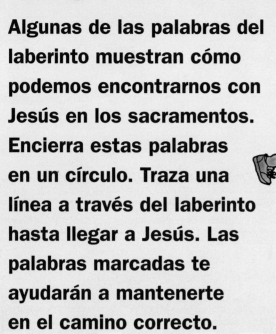

Algunas de las palabras del laberinto muestran cómo podemos encontrarnos con Jesús en los sacramentos. Encierra estas palabras en un círculo. Traza una línea a través del laberinto hasta llegar a Jesús. Las palabras marcadas te ayudarán a mantenerte en el camino correcto.

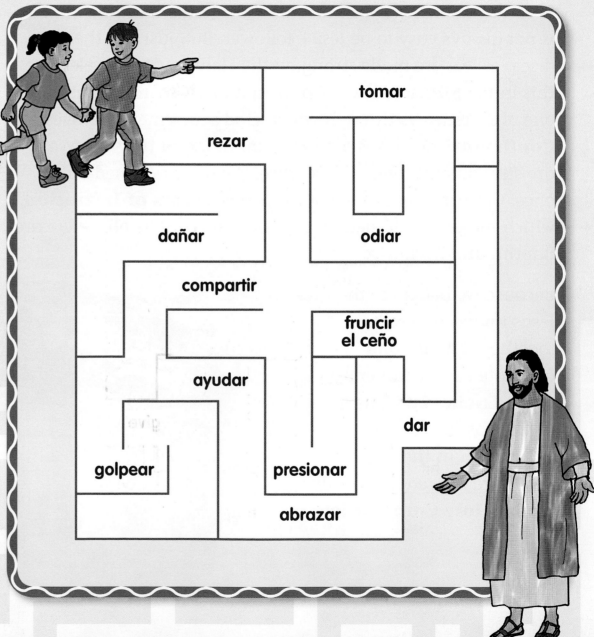

tomar

rezar

dañar

odiar

compartir

fruncir el ceño

ayudar

dar

golpear

presionar

abrazar

Follow Jesus

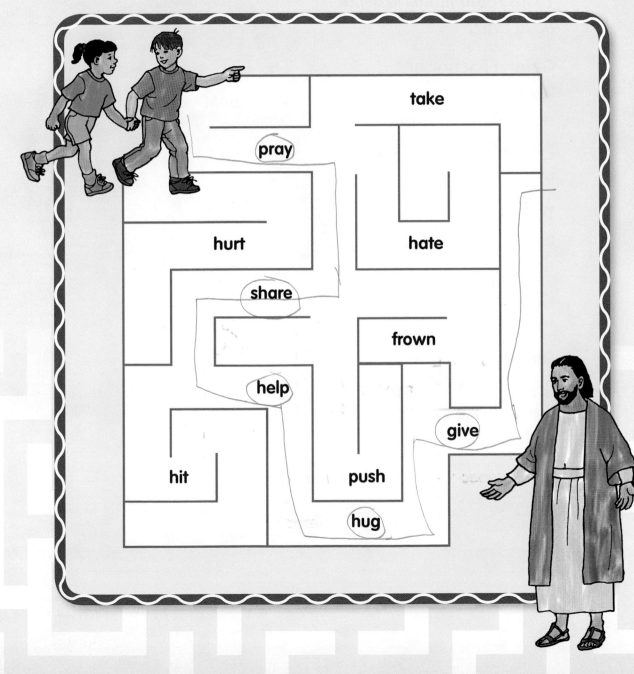

take

pray

hurt

hate

share

frown

help

give

hit

push

hug

Some words in the maze show how we can meet Jesus in the sacraments. Circle those words. Draw a line through the maze to get to Jesus. Use the circled words to help you stay on the right path.

Bautizados en la comunidad

Todos rezan juntos la Señal de la Cruz.

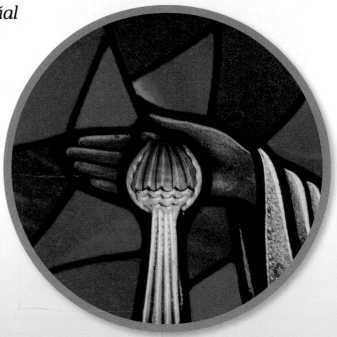

Guía: El Señor ha hecho maravillas por nosotros. Nos llama por nuestro nombre. Le pertenecemos.

Todos: El Señor ha hecho maravillas por nosotros. Nos llama por nuestro nombre. Le pertenecemos.

Guía: Recemos un salmo de acción de gracias y de alabanza a Dios. Demos gracias a Dios por habernos llamado a pertenecer a su Iglesia.

Baptized into Community

All pray the Sign of the Cross together.

Prayer Leader: The Lord has done wonderful things for us. He calls us by name. We belong to him.

All: The Lord has done wonderful things for us. He calls us by name. We belong to him.

Prayer Leader: Let us pray a psalm of thanks and praise to God. Let us thank God for calling us to belong to his Church.

The Community of Faith

We are baptized in the name of the Trinity— Father, Son, and Holy Spirit. We are marked with the Sign of the Cross. We belong to God and to his family, the Church. Together with our parish community and Catholics around the world, we are part of a community of faith.

Cuando rezo

Puedo alabar a Dios con palabras, gestos y cantos. A Dios le encanta escuchar mi voz.

Guía: Crucemos sus puertas con cantos de alabanza. Demos gracias a Dios y bendigamos su santo nombre.

Todos: Somos el pueblo de Dios, las ovejas de su rebaño.

Guía: ¡Demos gracias a Dios y bendigamos su santo nombre! Su amor es para siempre.

Todos: Somos el pueblo de Dios, las ovejas de su rebaño.

adaptado del Salmo 100

Guía: Todos somos hijos e hijas de Dios. Formamos una sola Iglesia extendida por toda la tierra. En alabanza y en gratitud proclamamos:

Todos: Gloria al Padre, y al Hijo y al Espíritu Santo. Como era en el principio, ahora y siempre, por los siglos de los siglos. Amén.

Prayer Leader: Enter his gates with songs of praise. Give thanks to God and bless his name.

All: We are God's people; the sheep of his flock.

Prayer Leader: Give thanks to God and bless his name! His love lasts forever.

All: We are God's people; the sheep of his flock.

adapted from Psalm 100

Prayer Leader: We are all God's children. We are one with the Church all over the world. In praise and thanksgiving, we pray:

All: Glory be to the Father, and to the Son, and to the Holy Spirit. As it was in the beginning, is now, and ever shall be, world without end. Amen.

When I Pray

I can praise God with words, gestures, and song. God loves to hear my voice.

Viviendo mi fe

Recuerdo lo que aprendo

- Los discípulos de Jesús recibieron al Espíritu Santo y bautizaron a muchas personas.
- Estoy bautizado. Pertenezco a la Iglesia católica.
- Creo en la Santísima Trinidad: Dios Padre, Dios Hijo y Dios Espíritu Santo.
- Estoy invitado a celebrar el sacramento de la Eucaristía.

Vivo lo que aprendo

Me preparo para recibir el Cuerpo y la Sangre de Cristo:

- viviendo como un discípulo de Jesús.
- aprendiendo más acerca de mi fe.
- rezando al Espíritu Santo.

Conozco estas palabras

Encuentro estas palabras en el *Glosario:*

Bautismo, p. 99

Confirmación, p. 99

Eucaristía, p. 99

misa, p. 99

sacramento, p. 99

sacramentos de la Iniciación, p. 100

Sagrada Comunión, p. 100

Trinidad, p. 100

Comparto con *mi familia*

¿De qué manera se celebran los bautismos en tu familia? Pide a tus padres y parientes que compartan sus historias.

Oración final

Gracias, Señor, por llamarme a ser parte de tu Iglesia. Ayúdame a crecer en la fe.

Living My Faith

I Remember What I Learn

- The disciples of Jesus received the Holy Spirit and baptized people.
- I am baptized. I belong to the Catholic Church.
- I believe in the Trinity: God the Father, God the Son, and God the Holy Spirit.
- I am invited to celebrate the Sacrament of the Eucharist.

I Live What I Learn

I prepare to receive the Body and Blood of Christ by

- living as a follower of Jesus.
- learning more about my faith.
- praying to the Holy Spirit.

I Know These Words

I find these words in the Glossary.

Baptism, p. 99   **Mass,** p. 99

Confirmation, p. 99   **sacrament,** p. 100

Eucharist, p. 99   **Sacraments of Initiation,** p. 100

Holy Communion, p. 99   **Trinity,** p. 100

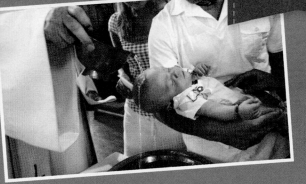

I Share with My Family

How are baptisms celebrated in your family? Ask your parents and other relatives about their memories.

Closing Prayer

Thank you, God, for calling me to belong to your Church. Help me to grow in my faith.

Reunirnos

Reuniones familiares

La pasamos muy bien cuando nos reunimos con abuelitos, tíos, tías, primos y primas. Traza un círculo alrededor de las celebraciones en las que se reúne toda la familia.

Bautismos   días de fiesta   días de campo

cumpleaños   quinceañeras   vacaciones

bodas   noches de ver películas   comidas los domingos

¿En qué otros momentos se reúne toda tu familia?

Oración

Dios amoroso, ayúdame a tener un corazón abierto a todas las personas.

Gathering

Family Times

It's fun to get together with grandparents, aunts, uncles, and cousins. Circle the special times when your whole family gathers.

Baptisms   holidays   picnics

birthdays   reunions   vacations

weddings   movie nights   Sunday dinners

At what other times does your family come together? _mass_

house

Prayer

Loving God, help me to have a welcoming heart.

11

Dando la bienvenida al Arca de la Alianza

En el Antiguo Testamento de la Biblia, aprendemos acerca del Arca de la Alianza. Esta era una caja grande de madera decorada con colores brillantes. Para que la gente pudiera cargarla, se colocaba sobre dos postes de madera. Sobre el Arca había dos pequeñas esculturas de ángeles. Dentro del Arca se guardaban las tablas de piedra con los Dies Mandamientos.

El Arca de la Alianza era algo muy especial para el pueblo de Israel. Era una señal de la presencia y el amor de Dios. El Arca viajó largas distancias con el pueblo. El rey David la llevó a Jerusalén en una gran procesión.

Welcoming the Ark of the Covenant

In the Old Testament of the Bible, we learn about the Ark of the Covenant. It was a large, brightly decorated wooden box. There were wooden poles on each side of the Ark so people could carry it. On the top were two small angel sculptures. Inside the Ark were the stone tablets with the Ten Commandments.

The Ark of the Covenanat was very special to the people of Israel. It was a sign of God's presence and love. The ark traveled many miles with the people. King David had it carried in a grand procession.

La gente se congregaba en las calles para ver pasar el Arca. El rey David estaba especialmente feliz, tanto que bailó y cantó frente el Arca. El pueblo también estaba feliz. Cantaban y tocaban música alegre. El Arca le recordaba al pueblo lo mucho que Dios lo amaba.

adaptado de 2 Samuel 6:11–15

People gathered on the streets so they could see the Ark passing by. King David was especially happy. He was so happy that he sang and danced in front of the Ark. The people were also happy. They sang and played joyful music. The Ark reminded people how much God loved them.

adapted from 2 Samuel 6:11–15

Mmm...

Pienso en esto

Uno de nuestros deberes como católicos es participar en la misa el día del Señor.

Reunirnos para la misa

El domingo es el día del Señor. Es un día especial para nosotros. El sábado por la tarde o el domingo nos preparamos para ir a misa. Vamos con nuestra familia a la parroquia. Nos reunimos con nuestros amigos y vecinos para celebrar la misa. Celebramos la presencia de Dios en nuestra vida.

Dios está presente en nosotros cuando nos reunimos. Está presente en el sacerdote. Está presente en las lecturas que escuchamos. Dios está presente de una manera especial en la Eucaristía que nos preparamos para recibir.

Gathering for Mass

Sunday is the Lord's Day. It is a special time for us. On Saturday evening or on Sunday, we prepare to go to Mass. We travel with our families to our parish church. We gather with our friends and neighbors to celebrate the Mass. We celebrate the presence of God in our lives.

God is present in us as we gather together. He is present in the priest. He is present in the readings we will hear. God is present especially in the Eucharist that we are preparing to receive.

Hmm...

I Think About This

One of our duties as Catholics is to participate in Mass on the Lord's Day.

Celebrar en la iglesia

Piensa en alguna celebración religiosa que tu familia haya compartido.
Puedes incluir dibujos y descripciones. Después colorea el dibujo.

Personas que estaban presentes

_____

_____

_____

Celebramos

_____

_____

Mi momento favorito del día fue

_____

_____

Celebrating at Church

Think of a religious celebration that your family shared. You can include drawings and descriptions. Then color the picture.

People who were there

my family and nieghbors, friend, including God. God.

We celebrated

15th's birthdays and first commiunion, when get married

My favorite part of the day was

When we go to mass and learn about God.

Cuando celebro

Formo parte de la procesión cuando canto con todas las personas reunidas para la misa.

Celebrar la presencia de Dios

Buscamos un lugar donde sentarnos. Entonces el sacerdote, el diácono, los **lectores** y los monaguillos entran en procesión hacia el **altar**. Nosotros, en nuestro corazón, vamos en procesión con ellos. Al igual que el pueblo de Israel, cantamos himnos de alegría y alabanza de la **Biblia**. También nosostros celebramos la presencia de Dios entre nosotros.

Si pudiera cantar como tú, ¡lo haría!

Celebrating God's Presence

We find a place to sit in church. Then the priest, deacon, **lector**, and servers process to the **altar**. In our hearts, we journey with them. Like the people of Israel, we sing hymns of joy and praise from the **Bible**. We too celebrate the presence of God among us.

When I Celebrate

I am part of the procession when I sing with all those gathered at Mass.

If I could sing like you. I would do so!

Escucho la Palabra de Dios

Avanzaba hasta la casa de Dios, entre gritos de júbilo y acción de gracias.

Salmo 42:5

Comenzamos la misa rezando la Señal de la Cruz. Después, el sacerdote nos saluda, diciendo:

La gracia de nuestro Señor Jesucristo, el amor del Padre y la comunión del Espíritu Santo estén con todos ustedes.

Nosotros contestamos:

Y con tu espíritu.

En las líneas a continuación, escribe tu respuesta a la bienvenida del sacerdote:

_____   _____

_____   _____

1 ·····▶   2 ·····▶   3 ·····▶

We begin Mass with the Sign of the Cross. The priest then greets us, saying:

The grace of our Lord Jesus Christ,
and the love of God,
and the communion of the Holy Spirit
be with you all.

We answer:

And with your spirit.

On the lines below, write your answer to the priest's welcome.

Good Morning _Have a nice day_

_____ _Thank you for_
teching us more about
god.

I Listen to God's Word

I would cross over to the house of God, amid loud cries of thanksgiving.

Psalm 42:5

4 ⟶ 5

Llenos de alegría

Saber que Dios nos ama mucho nos llena de alegría. La alegría es una señal de la presencia de Dios. Podemos reconocer a Dios en las personas y cosas que nos rodean. Celebramos su presencia en nosotros cuando vamos a misa. Nos unimos a todos los presentes para cantar y rezar con alegría.

Cantar y bailar para Dios

Guía: ¡Dios está con nosotros! ¡Alegrémonos y cantemos con júbilo!

Todos: ¡Bendito seas por siempre, Señor!

Guía: Con nuestras propias palabras, pidamos en silencio al Espíritu Santo que nos ayude a escuchar la Palabra de Dios.

Escuchemos una vez más la historia del rey David y el Arca.
(*Dar la bienvenida al Arca de la Alianza,* páginas 12–13).

¡Ubícate dentro del relato! Imagínate que estás ayudando a cargar el Arca de la Alianza. Es un privilegio especial. El Arca es un recordatorio del gran amor de Dios. Muchas personas caminan a tu lado. Algunos están rezando; otros están cantando y alabando a Dios. ¿Por qué quieres alabar y bendecir a Dios el día de hoy?

Singing and Dancing for God

Prayer Leader: God is with us!
Let us rejoice and sing for joy!

All: Blessed be God forever!

Prayer Leader: In our own words, let's silently ask the Holy Spirit to help us hear God's Word.

Let's listen once more to the story of King David and the Ark. (Welcoming the Ark of the Covenant, pages 12–13)

Now place yourself in the scene. Imagine that you are helping to carry the Ark of the Covenant. It is a special privilege. The Ark is a reminder of God's great love. There are many people walking with you. Some are praying; others are singing songs of praise and thanks to God. What would you like to praise God for today?

Filled with Joy

Knowing God's great love for us fills us with joy. Joy is a sign of God's presence. We recognize God in the people and things around us. We celebrate his presence with us when we go to Mass. We join with all those present to sing and pray with joy.

Cuando rezo

Recuerdo lo mucho que Dios me ama. Puedo alabarlo y darle gracias por todas las personas y cosas que me recuerdan su amor.

La gente se congrega a ambos lados del camino para ver pasar el Arca. Algunas personas tienen instrumentos musicales. Los tocan, bailan y cantan con alegría al pensar en lo mucho que Dios los ama. ¿Qué canto alegre te sabes que podrías cantarle a Dios?

De repente, te das cuenta de que el rey David ha venido. Está tan contento que no puede estarse quieto. También él comienza a cantar y a bailar. Todas las personas entran en la ciudad llenas de alegría.

Con tus propias palabras, en silencio, dale gracias a Dios por todo el amor que te tiene. Después, espera un momento y deja que Dios te hable.

Bendito sea Dios, quien siempre está entre nosotros.

Todos: ¡Bendito seas por siempre, Señor!

People line the road to watch the Ark pass by. Some have musical instruments. They play and sing and dance for joy as they think about God's great love for them. What joyful song do you know that you can sing to God?

All of a sudden, you notice that King David has come. He is so happy that he can't stand still. He begins to sing and dance too. All enter the city rejoicing.

Using your own words, silently thank God for his great love for you. Then pause for a moment and let God speak to you.

Praise be to God, who is always among us.

All: Blessed be God forever!

When I Pray

I remember how much God loves me. I can praise and thank him for all of the people and things that remind me of his love.

Viviendo mi fe

Recuerdo lo que aprendo

- El Arca de la Alianza celebra la presencia de Dios.
- Voy a misa con mi familia.
- Nos reunimos para celebrar la presencia de Dios.
- El sacerdote nos da la bienvenida.

Vivo lo que aprendo

Voy a misa el día del Señor.

Celebro la presencia de Dios.

Canto para alabar a Dios.

Conozco estas palabras

Encuentro estas palabras en el *Glosario:*

altar, p. 100

Biblia, p. 100

lector, p. 100

Comparto con mi familia

¿De qué manera disfrutas el día del Señor? Habla con tu familia acerca de las maneras en que celebran la presencia de Dios.

Oración final

Gracias, Dios mío, por tu presencia. Quiero permanecer junto a ti.

Living My Faith

I Remember What I Learn

- The Ark of the Covenant celebrates God's presence.
- I travel with my family to church.
- We gather to celebrate God's presence.
- We are welcomed by the priest.

I Live What I Learn

I go to Mass on the Lord's Day.

I celebrate God's presence.

I sing in praise of God.

I Know These Words

I find these words in the Glossary.

altar, p. 100

Bible, p. 100

lector, p. 100

I Share with My Family

How do you enjoy the Lord's Day? Talk with your family about the ways you celebrate God's presence.

Closing Prayer

Thank you, God, for your presence. I want to stay close to you.

Reflexionar

El sonido del silencio

Siéntate y trata de no moverte.

No hagas ningún movimiento, no muevas ni tus manos, ni tus pies.

Respira en silencio.

Ahora, cierra los ojos y escucha.

Escucha los sonidos a tu alrededor.

¿Qué escuchas?

Oración

Dios omnipresente, ayúdame a escuchar tu voz en el mundo que me rodea.

21

Sounds of Silence

Sit perfectly still.
Don't move at all—not your hands,
  nor your feet.
Breathe quietly.
Now close your eyes and listen.
Listen to the sounds around you.

What do you hear?

Prayer

*Ever-present God, help me to
listen for your voice in the world
around me.*

Pisar terreno sagrado

El pueblo de Israel vivió en Egipto durante mucho tiempo. Esos no fueron para ellos años muy felices. Trabajaban día tras día, comiendo y descansando poco. Eran esclavos y querían ser libres. Rezaron y pidieron a Dios que los ayudara. Dios eligió a Moisés para ser su libertador.

La Biblia nos cuenta qué pasó el día en que Dios llamó a Moisés. Moisés estaba ocupado cuidando unas ovejas en la ladera de una montaña. Cuando miró hacia arriba, vio algo raro. Una zarza estaba ardiendo, pero no se consumía.

Standing on Holy Ground

The people of Israel lived in Egypt for a very long time. This was not a happy time for them. Day after day, they worked with little food and rest. They were slaves, and they wanted to be free. They prayed to God for help. God chose Moses to help free them.

The Bible tells us about the day that God called Moses. Moses was busy taking care of his sheep on the mountainside. When he looked up, he noticed something strange. A bush was on fire, but it was not burning up.

Moisés subió a la montaña para ver de cerca lo que estaba pasando. Cuando se acercó a la zarza, Dios le habló. Le dijo que se quitara las sandalias. Moisés obedeció. Sabía que estaba pisando terreno sagrado. Estaba en presencia de Dios. Entonces, Dios mandó a Moisés para que rescatara al pueblo de Israel de la esclavitud en Egipto.

adaptado de Éxodo 3:1–10

Moses climbed the mountain to get a closer look. When he was near the bush, God spoke to him. God told him to take his sandals off. Moses did as he was told. He knew that he was standing on holy ground. He was in God's presence. God then sent Moses to rescue the people of Israel from Egypt.

adapted from Exodus 3:1–10

Cuando pecamos

Moisés se preparó para reunirse con Dios en su monte santo. Se quitó las sandalias. Nosotros nos preparamos para celebrar la misa. Centramos nuestra mente y corazón en Dios. Sabemos que Dios estará presente de una manera especial.

Dios nos quiere reunir a todos en su amor. Pero sabemos que no siempre estamos bien con Dios. A veces pecamos y por eso necesitamos pedir a Dios perdón y **misericordia**.

Siempre puedes confiar en la misericordia de Dios.

When We Sin

Moses got ready to meet God on his holy mountain. He took off his sandals. We get ready to celebrate the Mass. We turn our minds and hearts to God. We know that God will be present to us in a special way.

God wants to bring all of us together in love. But we know everything is not always all right with us. Sometimes we sin, and so we need to ask for God's forgiveness and **mercy**.

You can always count on God's mercy.

Cuando celebro

A veces rezamos una oración que comienza diciendo: "Yo confieso ante Dios todopoderoso". Después, rezamos: "Señor, ten piedad".

El sacerdote o diácono nos guía durante la misa en una oración de arrepentimiento y perdón. Decimos:

Señor, ten piedad.
Cristo, ten piedad.
Señor, ten piedad.

Esta oración nos recuerda que el amor y la misericordia de Dios son más grandes que nuestra debilidad.

The priest or deacon leads us in a prayer of sorrow and forgiveness at Mass. We say:

Lord, have mercy.
Christ, have mercy.
Lord, have mercy.

This prayer reminds us that God's love and mercy are greater than our weakness.

When I Celebrate

Sometimes we say a prayer that begins, "I confess to almighty God." After that, we pray, "Lord, have mercy."

Escucho la Palabra de Dios

¡Santo, santo, santo, el Señor Todopoderoso, la tierra está llena de su gloria!

Isaías 6:3

¡Un modo de rezar es con música!

Cantar una alabanza a Dios

El Gloria es un canto de alabanza a Dios. Reconocemos su bondad y su grandeza. Rezamos o cantamos el Gloria. Comenzamos rezando:

Gloria a Dios en el cielo.

Estas son las mismas palabras que los ángeles usaron para anunciar el nacimiento de Jesús a los pastores.

Con el Gloria alabamos y damos gracias a Dios Padre.

Alabamos a nuestro Señor Jesucristo, Dios Hijo.

Alabamos a Dios, Espíritu Santo, que vive con Jesús en la gloria de Dios Padre.

Singing Praise to God

The *Gloria* is a song of praise to God. We recognize God's greatness and goodness. We all pray or sing the *Gloria.* We begin:

Glory to God in the highest.

These are the same words the angels used when they announced Jesus' birth to the shepherds.

In the *Gloria,* we give thanks and praise to God the Father.

We praise our Lord Jesus Christ, God the Son.

We praise God the Holy Spirit, who lives with Jesus in the glory of the Father.

I Listen to God's Word

Holy, holy, holy is the Lord of hosts! All the earth is filled with his glory.

Isaiah 6:3

One way to pray is with music!

Alabar a Dios en el hogar

Lee las palabras que aparecen en la casa a continuación. Tacha la acción que no ilustra una vida de alabanza. Al lado de la casa, dibújate junto a tu familia.

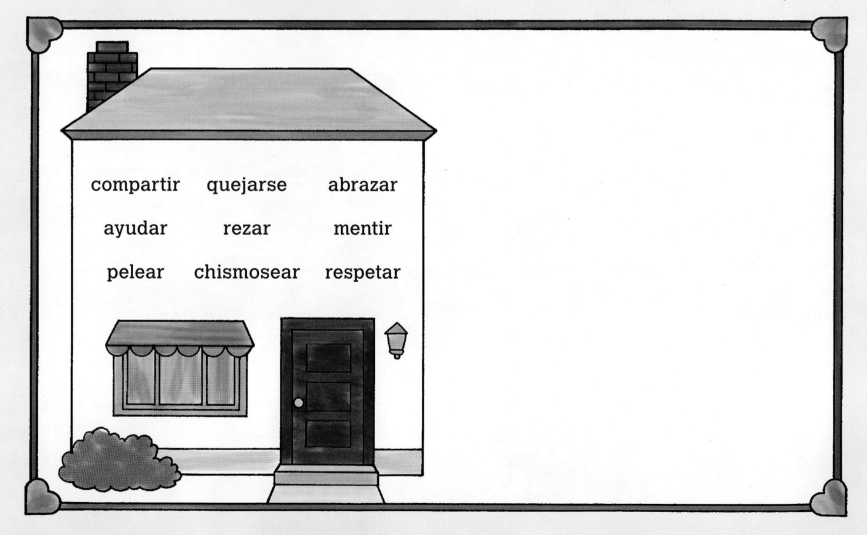

compartir   quejarse   abrazar

ayudar   rezar   mentir

pelear   chismosear   respetar

Praising God at Home

Read the words in the home below. Cross out the action that does not show living in praise of God. Next to the house, draw a picture of yourself with members of your family.

Ante la presencia de Dios

Guía: Al rezar juntos la Señal de la Cruz, recordamos lo mucho que Dios nos ama. En el nombre del Padre. . . Dios amoroso, tú nos llamas, como a Moisés, para que nos acerquemos a ti.

Todos: ¡Gloria a Dios en el cielo!

Guía: Dios amoroso, tu misericordia es más grande que nuestros pecados.

Todos: ¡Gloria a Dios en el cielo!

Guía: Dios amoroso, nos unimos a los ángeles en su canto de alabanza.

Todos: ¡Gloria a Dios en el cielo!

Standing in God's Presence

Prayer Leader: As we pray the Sign of the Cross together, we remember how much God loves us. In the name of the Father . . . Loving God, you call us, like Moses, to come close to you.

All: Glory to God in the highest!

Prayer Leader: Loving God, your mercy is greater than our sinfulness.

All: Glory to God in the highest!

Prayer Leader: Loving God, we join the angels in their song of praise.

All: Glory to God in the highest!

Growing Still

When I remember that God loves me, I can open my heart to him. I tell God my joys and sorrows, my successes and failures. God's love is always there for me. When I let myself grow still, I can hear God's voice inside me and feel his presence.

Cuando rezo

Me preparo para estar tranquilo. Entonces estoy listo para hablar a Dios y escucharle.

Guía: La Iglesia tiene un canto especial de alabanza que se llama el Gloria. Lo rezamos juntos durante la misa para alabar y dar gracias a Dios. Ahora, todos juntos, usemos nuestras propias palabras para dar gloria a Dios.

Todos: ¡Gloria a ti, oh Dios!
Tú nos llamas amigos. Te damos gracias.
Tú enviaste a Jesús para liberarnos
    de nuestros pecados.
Tú nos amas con un amor eterno.
¡Por eso estamos llenos de alegría!

Guía: Que Dios nuestro Padre nos bendiga y nos proteja. Que Dios Hijo nos acompañe. Y que Dios Espíritu Santo nos inspire y nos guíe.

Todos: Amén.

Prayer Leader: The Church has a special hymn of praise called the *Gloria.* We pray it together at Mass to praise and thank God. Let's join together now using our own words to give glory to God.

All: Glory to you, O God!
You call us friends. We give you thanks.
You sent Jesus to take away our sins.
You love us with an everlasting love.
We are filled with joy!

Prayer Leader: May God our Father bless and keep us. May God the Son walk beside us. And may God the Holy Spirit inspire and guide us.

All: Amen.

When I Pray

I prepare myself by being very still. Then I am ready to speak and listen to God.

Viviendo mi fe

Recuerdo lo que aprendo

- Moisés se preparó para reunirse con Dios.
- Yo me preparo para la misa.
- Rezo por el perdón y la misericordia de Dios.
- Canto "Gloria a Dios".

Vivo lo que aprendo

Recuerdo que necesito el perdón de Dios.

Alabo a Dios con mi manera de vivir.

Voy a misa tan a menudo como puedo.

Conozco esta palabra

Encuentro esta palabra en el *Glosario*:

misericordia, p. 100

Comparto con mi familia

¿De qué manera preparas tu mente y tu corazón para participar en la misa? Junto con tu familia menciona algunas de estas maneras.

Oración final

Te doy gracias, Dios del amor, por tu misericordia.

Living My Faith

I Remember What I Learn

- Moses got ready to meet God.
- I get ready for Mass.
- I pray for forgiveness and mercy.
- I sing "Glory to God."

I Live What I Learn

I remember that I need God's forgiveness.

I praise God by how I live.

I go to Mass as often as I can.

I Know This Word

I find this word in the Glossary.

mercy, p. 100

I Share with My Family

What do you do to get your heart and mind ready for Mass? Name with your family some ways you prepare.

Closing Prayer

Thank you, loving God, for your mercy.

Escuchar

Hora de contar un cuento

Piensa en tu cuento favorito.

¿De qué se trata?

¿Te lo leyó alguien?

¿Dónde estabas la primera vez que lo oíste o leíste?

____ en casa   ____ en la escuela

____ en la biblioteca   ____ en una librería

____ en una reunión familiar

Oración

Jesús, Palabra de Dios, ayúdame a escuchar tus historias con un corazón abierto.

Story Time

Think of your favorite story.

What is it about?

Did someone read it to you?

Where were you when you first heard it or read it?

____ at home   ✓ in school

____ at the library   ____ at a bookstore

____ at a family
      gathering

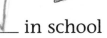

Prayer

Jesus, Word of God, help me to listen to your stories with an open heart.

31

Sembrar y cosechar

Es divertido ver cómo crece algo. Siembras una semilla, la riegas, la pones al sol y esperas. Después de cierto tiempo, a la planta le brotan hojas verdes. Al cabo de un tiempo, está lista para llevarla al jardín, donde podrá crecer aún más.

En tiempos de Jesús los sembradores tenían su propia forma de plantar. Llevaban las semillas en bolsas grandes. Al caminar por su campo, tomaban un puñado de semillas y las lanzaban al suelo.

Planting and Growing

It's fun to watch things grow. You plant a seed, water it, put it in the sun, and wait. After a while, the plant sprouts green leaves. It's ready to move to the garden, where it can grow even more.

In Jesus' time, farmers had their own way of planting. They carried seeds in large bags. Then they walked across the fields, took a handful of seeds, and threw them on the ground.

Jesús cuenta la historia de un sembrador que hizo exactamente eso. Algunas de las semillas cayeron en el camino. Los pájaros vinieron y se las comieron. Algunas semillas cayeron entre las piedras, donde no había sitio para que las raíces crecieran. Por eso, cuando salió el sol, las plantas se secaron. Otras semillas cayeron entre zarzas, las cuales, al poco tiempo, ahogaron a las plantas que estaban creciendo.

Pero algunas de las semillas cayeron en tierra buena. Desarrollaron raíces profundas. Las plantas crecieron saludables y fuertes. El sembrador pudo cultivar el alimento que necesitaba para vivir.

adaptado de Mateo 13:3–8

Jesus tells the story of a farmer who did just that. Some of his seeds fell onto the road. The birds came and ate them up. Some fell among the rocks, where there was no place for the roots to grow. So when the sun came out, the plants dried up. Some seeds fell among the thorns, which soon choked the young plants.

But some of the seeds fell on good ground. They grew deep roots. The plants became healthy and strong. The farmer was able to grow the food that he needed to live.

adapted from Matthew 13:3–8

Escucho la Palabra de Dios

Siguieron nuestro ejemplo . . . recibiendo el mensaje con el gozo del Espíritu Santo.

1 Tesalonicenses 1:6

Escuchar la Palabra de Dios

Durante la misa escuchamos la Palabra de Dios, proclamada en las **Sagradas Escrituras**. La Palabra de Dios es como las semillas del sembrador. Se proclama para que todos la escuchemos.

Nos sentamos durante la Primera Lectura, el Salmo Responsorial y la Segunda Lectura. Estar sentados significa que estamos listos para escuchar y recibir la Palabra de Dios. Normalmente, escuchamos una lectura del **Antiguo Testamento** o de los Hechos de los Apóstoles. Después, cantamos o proclamamos uno de los **salmos**. A continuación, escuchamos una lectura del **Nuevo Testamento**. El lector proclama las lecturas de un libro especial llamado *Leccionario*. Después de cada lectura, el lector dice:

Palabra de Dios.

Contestamos:

Te alabamos, Señor.

Hearing God's Word

At Mass, we hear God's Word read from **Sacred Scripture**. God's Word is like the farmer's seeds. It is spoken for all to hear.

We sit during the First Reading, the Responsorial Psalm, and the Second Reading. Sitting means we are ready to listen and receive God's Word. Usually we hear a reading from the **Old Testament** or the Acts of the Apostles. Then we pray one of the **psalms**. Next is a reading from the **New Testament**. The lector reads from a special book called the *Lectionary for Mass.* After each reading, the lector says:

The word of the Lord.

We answer:

Thanks be to God.

I Listen to God's Word

You became imitators of us . . . receiving the word with joy.

1 Thessalonians 1:6

34

Cantamos el Aleluya antes de que se proclame el **Evangelio**. Jesús es el corazón de los Evangelios y, por eso, para escucharlo nos ponemos de pie. El levantarnos nos prepara para escuchar algo importante. Nos ayuda a prestar atención a las palabras que se dicen. En la lectura del Evangelio, Jesús nos habla de corazón a corazón. Después de leer el Evangelio, el sacerdote o el diácono dice:

Palabra del Señor.

Contestamos:

Gloria a ti, Señor Jesús.

A continuación, el sacerdote o diácono dice la **homilía**. Esta nos ayuda a entender la Palabra de Dios. También nos ayuda a poner en práctica lo que hemos escuchado.

Luego, nos ponemos de pie y rezamos el **Credo**. Proclamamos todo lo que creemos. Después del Credo, le pedimos a Dios que escuche nuestras oraciones por el mundo, la Iglesia, nuestra parroquia y los necesitados.

Jesús nos habla a través del Evangelio.

We sing the Gospel Acclamation before the **Gospel** is read. Jesus is at the center of the Gospels. So we stand to hear these words. Standing gets us ready to hear something important. It helps us to pay attention to the words being spoken. In the Gospel Reading, Jesus speaks to us heart-to-heart. After the Gospel is read, the priest or deacon says:

Jesus speaks to us through the Gospels.

The Gospel of the Lord.

We answer:

Praise to you, Lord Jesus Christ.

Next the priest or deacon gives the **Homily**. It helps us understand God's Word. It also helps us put into practice what we just heard.

Then we stand and pray the Profession of Faith or **Creed**. We state all that we believe. After the Creed, we ask God to hear our prayers for the world, the Church, our parish, and those in need.

Escuchar con el corazón

Todos escuchamos la Palabra de Dios durante la misa. Algunas personas la oyen, pero en realidad no prestan atención a lo que escuchan. La Palabra de Dios pasa a ser como la semilla que cayó en el camino. Muere.

Algunas personas escuchan y piensan en lo que han escuchado. Pero después se olvidan. Para ellas, la Palabra de Dios es como la semilla que cayó entre las piedras o las zarzas. Crece un poquito, pero después muere. La Palabra de Dios no tiene oportunidad de crecer.

¿Te acuerdas de lo que le sucede a una semilla que se siembra en tierra buena? La riegas con agua. La colocas al sol. La ves crecer. La Palabra de Dios es similar. La escuchas, reflexionas sobre ella y te acuerdas de ella. Puede crecer dentro de ti, como lo hace una semilla en tierra buena.

Listening with Your Heart

We all hear God's Word at Mass. Some people hear, but they don't really pay attention to what they hear. God's Word becomes like the seed on the road. It dies.

Some people listen and think about what they heard. Then they forget about it. For them, God's Word is like a seed among the rocks or the thorns. It grows a little bit, and then it dies. God's Word has no chance to grow.

Remember what you know about a seed planted in good soil? You water it. You set it in the sun. You watch it grow. God's Word is like that. You listen, think about it, and remember God's Word. It can grow in you just like a seed in good ground.

La Palabra de Dios crece en ti

Dibújate a ti mismo en el recuadro. Piensa en lo que tienes que hacer para dejar que la Palabra de Dios crezca en ti. Escribe esas cosas en las burbujas.

God's Word Grows in You

Draw a picture of yourself in the space below. Think about the things you need to do to let the Word of God grow in you. Write them in the bubbles.

Espacio para crecer

Podemos ser como la tierra buena. Cuando escuchamos cuidadosamente la Palabra de Dios, esta crece en nuestro interior, como la semilla en la tierra. Cuando reflexionamos sobre lo que escuchamos y lo que esto significa para nosotros, la semilla de la Palabra de Dios crece fuerte. Nos ayuda a vivir como fieles seguidores de Jesús.

Tú eres la tierra buena

Todos rezan juntos la Señal de la Cruz.

Guía: Al ponernos de pie, preparados para escuchar la Palabra de Dios, recemos en silencio para que seamos tierra buena donde la Palabra pueda echar raíces y crecer.

Lector: Lectura del santo Evangelio según san Mateo.

Jesús dijo: "Salió un sembrador a sembrar. Al sembrar, unas semillas cayeron junto al camino, vinieron las aves y se las comieron. Otras cayeron en terreno pedregoso con poca tierra. Al faltarles profundidad brotaron enseguida; pero, al salir el sol se marchitaron, y como no tenían raíces se secaron. Otras cayeron entre espinos: crecieron los espinos y las ahogaron. Otras cayeron en tierra fértil y dieron fruto: unas ciento, otras sesenta, otras treinta. El que tenga oídos que escuche".

Mateo 13:3–8

Palabra del Señor.

You Are the Good Ground

All pray the Sign of the Cross together.

Prayer Leader: As we stand, ready to hear God's Word, let's pray silently that we will be the good ground where it will take root and grow.

Reader: A reading from the holy Gospel according to Matthew.

Jesus said, "A sower went out to sow. And as he sowed, some seed fell on the path, and birds came and ate it up. Some fell on rocky ground, where it had little soil. It sprang up at once because the soil was not deep, and when the sun rose it was scorched, and it withered for lack of roots. Some seed fell among thorns, and the thorns grew up and choked it. But some seed fell on rich soil, and produced fruit, a hundred or sixty or thirtyfold. Whoever has ears ought to hear."

Matthew 13:3–8

The Gospel of the Lord.

Room to Grow

We can be like good soil. When we listen carefully to God's Word, it grows in us, just like a seed in the ground. When we think about what we hear and what it means for us, the seed of God's Word grows strong. It helps us to live as faithful followers of Jesus.

Cuando rezo

Abro mi corazón a la Palabra de Dios. Crece en mí como una semilla y me ayuda a vivir como discípulo de Jesús.

Todos: Gloria a ti, Señor Jesús.

Guía: Sentémonos cómodamente, con las manos abiertas sobre las piernas. Reflexionemos acerca de lo que hemos escuchado. Imagínense a ustedes mismos como la tierra buena. La historia que acabamos de escuchar ha sido plantada en su corazón.

Comparte con Jesús acerca de esta historia y escucha lo que él quiere decirte.

En acción de gracias, rezamos:

Todos: Jesús, que eres la Palabra de Dios, gracias por plantar tu semilla en mi corazón. Que tus palabras estén en mi mente, en mis labios y en mi corazón. Ayúdame a escucharte, entenderte y amarte cada día más. Amén.

All: Praise to you, Lord Jesus Christ.

Prayer Leader: Let's sit comfortably, hands open in our laps, and think about what we just heard. Imagine yourself as the good soil. The story we just heard has been planted in your heart.

Talk with Jesus about the story and listen for what Jesus wants to say to you.

In gratitude, let us pray:

All: Jesus, Word of God, thank you for planting your seed in my heart. May your words be in my mind, on my lips, and in my heart. Help me to listen and understand and love you more each day. Amen.

When I Pray

I open myself to God's Word. It grows in me like a seed and helps me to live as a follower of Jesus.

Viviendo mi fe

Recuerdo lo que aprendo

- La Palabra de Dios es como las semillas que planta el sembrador.
- La homilía me ayuda a entender la Palabra de Dios.
- La Palabra de Dios crece en mí cuando la escucho y la recuerdo.

Vivo lo que aprendo

Escucho atentamente la Palabra de Dios.

Pongo atención a la homilía.

Sigo las enseñanzas de Jesús.

Conozco estas palabras

Encuentro estas palabras en el *Glosario:*

Antiguo Testamento, p. 101

Credo, p. 101

Evangelio, p. 101

homilía, p. 101

Nuevo Testamento, p. 101

Sagradas Escrituras, p. 101

salmo, p. 101

Comparto con mi familia

Jesús a menudo enseñaba por medio de historias. Pide a los miembros de tu familia que compartan cuál es la historia bíblica que más les gusta.

Oración final

Dios amoroso, gracias por plantar tu Palabra en mi corazón.

Living My Faith

I Remember What I Learn

- God's Word is like seeds spread by the farmer.
- The Homily helps me understand God's Word.
- God's Word grows in me when I listen and remember.

I Live What I Learn

I listen carefully to God's Word.

I pay attention to the Homily.

I follow Jesus' teachings.

I Know These Words

I find these words in the Glossary.

Creed, p. 101   **Old Testament,** p. 101

Gospel, p. 101   **psalm,** p. 101

Homily, p. 101   **Sacred Scripture,** p. 101

New Testament, p. 101

I Share with My Family

Jesus often taught through stories. Ask your family members to share which Gospel story is their favorite.

Closing Prayer

Thank you, dear God, for planting your Word in my heart.

Preparar

Visita en el hogar

Tenemos mucho que hacer cuando una persona especial viene a visitarnos. Necesitamos recoger los juguetes. Es necesario asear la casa y preparar los alimentos. Si todos colaboramos, podemos hacerlo fácil y rápidamente.

¿Qué tarea especial se te asigna cuando alguien viene a visitarlos?

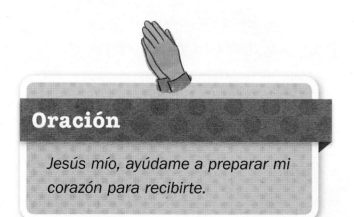

Oración

Jesús mío, ayúdame a preparar mi corazón para recibirte.

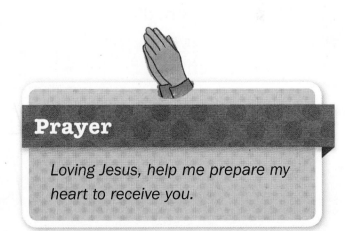

Company's Coming

We have much to do when someone special comes to visit. Toys need to be picked up. The house needs to be cleaned. Food needs to be prepared. All of this is done quickly and easily if everyone helps.

What is your special job when getting ready for company?

Prayer

Loving Jesus, help me prepare my heart to receive you.

Una comida extraordinaria

Una gran multitud escuchaba a Jesús. Habían pasado todo el día escuchándolo, sin comer nada. Jesús sabía que tenían hambre. Quería alimentarlos. Sus discípulos le dijeron que no tenían alimento y que tampoco tenían dinero para comprarlo. Un muchacho que estaba sentado cerca de los discípulos escuchó la conversación. Se ofreció a compartir cinco panecillos de cebada y dos pescados que había traído consigo para almorzar. Andrés, el apóstol, le comunicó a Jesús este ofrecimiento. Pero, aun así, preguntó cómo dos pescados y unos cuántos panecillos podían alimentar a tanta gente.

An Amazing Meal

A large crowd was listening to Jesus speak. They listened all day without anything to eat. Jesus knew they were hungry. He wanted to feed them. His disciples said they had no food and that they had no money to buy food.

A young boy sitting near the disciples heard them talking. He offered to share the five small barley loaves and two fish he had brought for his lunch.

The apostle Andrew told Jesus about the boy's offer. But Andrew asked how two fish and a few loaves could feed so many.

Jesús tomó la ofrenda del muchacho y dio gracias a Dios su Padre. Después, pidió a sus discípulos que compartieran el alimento con toda la gente. Los discípulos quedaron asombrados. ¡Cada vez que metían la mano en los canastos encontraban más comida! Alimentaron a miles de personas. Con lo que sobró, llenaron 12 canastos grandes El muchacho dio lo poco que tenía. Jesús tomó su ofrenda y la multiplicó para que así pudieran alimentarse muchas personas. Después, Jesús les prometió algo aun mejor. Les prometió que se daría a sí mismo como alimento.

adaptado de Juan 6:1–13,47–51

Jesus took the boy's offering and gave thanks to God his Father. Then he told the disciples to share the food with all the people.

The disciples were amazed. Every time they reached into the basket, they found more food! Thousands of people were fed. The leftovers filled 12 large baskets.

The young boy gave what little he had. Jesus took his offering and multiplied it so that many could be fed. Then Jesus promised the people something even better. He promised to give himself as food.

adapted from John 6:1–13,47–51

Preparación de los dones

Cuando celebro

También ofrezco a Dios el tiempo y la ayuda que he dado a los demás.

La preparación de los dones es el momento de la misa en el que traemos al altar los dones del pan y el vino. Con el pan y el vino, nos damos nosotros mismos a Dios. Antes de esto, se realiza una colecta para apoyar la labor de la Iglesia y para el cuidado de los necesitados.

El dinero que donamos es también un regalo de nosotros mismos a Dios. Todo lo que traemos se une a los dones del pan y el vino.

Mi regalo a Dios
My Gift to God
Parroquia de San Ignacio
Saint Ignatius Parish
September 10, 2017

Presentation and Preparation of the Gifts

We bring the gifts of bread and wine to the altar. With the bread and wine, we give ourselves to God. Before this, there is a collection. It helps to support the work of the Church and to care for people in need.

The money we donate is also a gift of ourselves to God. All that we bring is joined with the gifts of bread and wine.

When I Celebrate

I also offer to God the time and the help I've given to others.

Escucho la Palabra de Dios

Dios ama al que da con alegría.

2 Corintios 9:7

La bendición de nuestros dones

Luego, el sacerdote reza oraciones de **bendición**. Nombra el pan y el vino como las ofrendas que presentamos. Estas ofrendas son nuestra manera de agradecer a Dios todo lo que nos ha dado. Finalmente, el sacerdote alaba a Dios en la oración. Le pide a Dios que acepte todo lo que le presentamos.

Respondemos:

Que el Señor acepte de tus manos este **sacrificio**,
para alabanza y gloria de su nombre,
para nuestro bien
y el de toda su santa Iglesia.

Dios acepta nuestras ofrendas.

The Blessing of Our Gifts

The priest then prays prayers of **blessing**. He names the bread and wine as the gifts we bring. They are our way of saying thank you to God for his gifts to us. Finally, the priest praises God in prayer. He asks God to accept all that we bring.

We answer:

> May the Lord accept the **sacrifice** at your hands
> for the praise and glory of his name,
> for our good
> and the good of all his holy Church.

I Listen to God's Word

God loves a cheerful giver.

2 Corinthians 9:7

God accepts our gifts.

Pienso en esto

No importa cuánto dé. Lo que importa es el amor que manifiesto con lo que doy.

Una ofrenda aún más grande

¿Recuerdas al muchacho del relato del Evangelio? Solo tenía un poco para dar. Se lo ofreció a Jesús. Jesús tomó ese poco, aquellos cinco panecillos y dos pescados, y con ellos alimentó a 5,000 personas.

Lo que nosotros ofrecemos también es importante. Ofrecemos lo que hacemos por los demás como nuestra ofrenda a Dios. Dios recibe las ofrendas que le presentamos. A cambio, nos da algo mucho más grande: el Cuerpo y la Sangre de Cristo.

An Even Greater Gift

Remember the young boy in the Gospel story? He had only a little bit to give. He offered it to Jesus. Jesus was able to take that little bit, those five barley loaves and two fish, and feed 5,000 people.

What we offer is important too. We offer the things we do for others as our gift to God. God takes the gifts we bring. In return, he gives us something much greater: the Body and Blood of Christ.

Hmm...

I Think About This

The size of my gift does not matter. What is important is the love that my gift shows.

Mi ofrenda

En cada una de las cajas de regalo, escribe algo que puedas hacer por otra persona para mostrarle tu amor como tu prójimo y como hijo de Dios. Después colorea las cajas.

My Gift

In each gift box below, write one thing that you can do for another person to show your love for him or her as your neighbor and as a child of God. Then color the boxes.

share food
home
clothes
shoes
bows
gifts

Vivianne

blankets
pillows
bed
hats

Todos tenemos dones

Toda persona tiene algo para compartir. Puede ser nuestro almuerzo, como lo fue para el muchacho del relato del Evangelio. También puede ser una sonrisa, nuestra ayuda o una palabra amable. Dios realiza cosas maravillosas con lo que tenemos para compartir.

Dones para compartir

Guía: Bendito sea Dios nuestro Padre, por darnos a Jesús, ¡el mejor don de todos!

Respuesta: ¡Bendito seas por siempre Señor!

Guía: Cuando compartimos lo que tenemos con los demás, Dios transforma nuestros pequeños dones en cosas mucho más grandes. Ofrezcamos todas nuestras buenas obras a Dios mientras rezamos juntos: Te ofrecemos, Señor, las buenas obras que realizamos por los demás.

Respuesta: Recibe nuestros dones, Señor.

Continúa en la página 49.

Gifts to Share

Prayer Leader: Blessed be God our Father who gave us Jesus, the greatest gift of all!

Response: Blessed be God forever!

Prayer Leader: When we share what we have with others, God's love turns our small gift into so much more. Let's bring all of our good deeds to God as we pray together: We give you, O God, the good deeds we do for others.

Response: Receive our gift, we pray.

Continue to page 49.

We All Have Gifts

Everyone has something to share. It might be our lunch, as it was for the boy in the Gospel story. It also can be a smile, a helping hand, or a kind word. God does wonderful things with whatever we have to give.

Cuando rezo

Doy las gracias a Dios los dones que me ha dado. Le cuento cómo comparto estos dones con los demás.

Guía: Te ofrecemos, Señor, el gozo y la alegría que aportamos a la vida de otras personas.

Respuesta: Recibe nuestros dones, Señor.

Guía: Te ofrecemos, Señor, todos los momentos en los que nos acordamos de darte las gracias.

Respuesta: Recibe nuestros dones, Señor.

Guía: Te ofrecemos, Señor, las palabras amables que dirigimos a los demás.

Respuesta: Recibe nuestros dones, Señor.

Guía: Dios nos llama a compartir nuestros dones con los demás. Esta es una manera de darle gracias por todo lo que nos ha dado, especialmente por el don de su Hijo, Jesucristo. En acción de gracias a Dios, recemos juntos las palabras que Jesús nos enseñó:

Todos: Padre nuestro, que estás en el cielo… Amén.

Prayer Leader: We give you, O God, the joy and laughter we bring into someone's day.

Response: Receive our gift, we pray.

Prayer Leader: We give you, O God, all of the times we remember to say thank you.

Response: Receive our gift, we pray.

Prayer Leader: We give you, O God, the kind words we speak.

Response: Receive our gift, we pray.

Prayer Leader: God calls us to share our gifts with others. This is one way we thank him for all that he has given us. We especially thank him for the gift of his Son, Jesus. In thanksgiving to God, let us pray together in the words that Jesus taught us.

All: Our Father, who art in heaven . . . Amen.

When I Pray

I thank God for the gifts he has given me. I tell God how I share those gifts with others.

49

Viviendo mi fe

Recuerdo lo que aprendo

- El muchacho se ofreció a compartir los alimentos que había traído.
- Jesús bendijo la comida y alimentó a miles de personas.
- El sacerdote bendice el pan, el vino y mi ofrenda.
- Dios recibe lo que le ofrecemos y lo multiplica.

Vivo lo que aprendo

Yo tengo dones especiales.

Puedo usar mis dones y mi tiempo para ayudar a los demás.

Sé que incluso las ofrendas pequeñas son importantes.

Conozco estas palabras

Encuentro estas palabras en el *Glosario:*

bendición, p. 101   **sacrificio,** p. 101

Comparto con mi familia

Cada uno de nosotros ha sido bendecido con dones especiales. Habla con tu familia acerca de cómo cada uno de ustedes puede usar sus dones para vivir como Dios quiere que vivan.

Oración final

Gracias, Jesús, por aceptar lo que te ofrezco. Compartiré mis dones de la mejor manera posible.

Living My Faith

I Remember What I Learn

- The young boy offered to share the food that he brought.
- Jesus blessed the food and fed thousands.
- The priest blesses the bread and wine and my offering.
- God takes what we have to offer and increases it.

I Share with My Family

Each of us is blessed with special gifts. With your family, talk about how each of you can use your gifts to live the way God wants.

I Live What I Learn

I have special gifts.

I can use my gifts and my time to help others.

I know that even small offerings are important.

I Know These Words

I find these words in the Glossary.

blessing, p. 101   **sacrifice,** p. 101

Closing Prayer

Thank you, Jesus, for accepting what I offer. I will do my best to share my gifts.

Recordar

¡El mejor regalo de todos!

A todos nos gusta recibir regalos. Son una señal de que alguien nos quiere. Piensa en los regalos que has recibido.

¿Tienes uno que sea tu favorito?

¿Qué es?

¿Quién te lo dio?

¿Cuándo lo recibiste?

¿Aún lo conservas?

Oración

Jesús, don de Dios, ayúdame a recordar que tú eres el mejor regalo de todos.

Remembering

The Best Gift Ever!

We all like to receive gifts. They are a sign that someone cares for us. Think about the gifts you've been given.

Do you have a favorite?
What is it?
Who gave it to you?
When was it given to you?
Do you still have it?

Prayer

Jesus, gift of God, help me to remember that you are the greatest gift of all.

51

Jesús cumple su promesa

¿Recuerdas la historia del Evangelio acerca del muchacho que compartió cinco panes y dos pescados? Después de alimentar a la multitud, Jesús prometió algo aún mejor. Prometió que se daría a sí mismo como alimento.

Jesús nos dio este alimento durante la **Última Cena**. La noche antes de morir en la cruz, Jesús compartió los alimentos por última vez con sus apóstoles. Durante la cena tomó pan, lo bendijo, lo partió y se lo dio a sus discípulos, diciendo: "Este es mi cuerpo que será entregado por ustedes. Hagan esto en conmemoración mía".

Jesus Keeps His Promise

Remember the Gospel story about the boy with the five loaves and two fish? After feeding the hungry crowd, Jesus promised the people something even better. He promised he would give himself as food.

Jesus gave us this food at the **Last Supper**. On the night before he died on the cross, Jesus shared one last meal with his apostles.

During supper, he took bread, blessed it, broke it, and gave it to his disciples, saying, "This is my body, which will be given for you; do this in memory of me."

Después, Jesús tomó la copa de vino, la bendijo y la pasó a sus discípulos, diciendo: "Esta es la copa de la nueva alianza en mi sangre, que será derramada por ustedes".

adaptado de Lucas 22:14–20

El alimento que Jesús nos dio es su propio Cuerpo y Sangre, bajo la apariencia de pan y vino. Este es el alimento que necesitamos en nuestro camino hacia el cielo.

Jesús sufrió y murió en la cruz. En la misa celebramos su sacrificio.

Jesus then took the cup of wine, blessed it, and gave it to his disciples, saying, "This cup is the new covenant in my blood, which will be shed for you."

adapted from Luke 22:14–20

The food that Jesus gave us is his own Body and Blood under the appearances of bread and wine. This is the food we need as we journey to Heaven.

Jesus suffered and died on the cross. We celebrate his sacrifice at Mass.

El Espíritu Santo les enseñará todo y les recordará todo lo que yo les he dicho.

Juan 14:26

Es bueno dar gracias a Jesús.

Una oración de acción de gracias

La **Plegaria Eucarística** es la cumbre de nuestra celebración de la misa. Es nuestra oración de alabanza y acción de gracias. En ella recordamos todo lo que Jesús ha hecho para salvarnos. Recordamos su sacrificio en la cruz. Dio su vida para salvarnos del pecado. Recibimos la gracia de la salvación que Jesús ganó para nosotros.

El sacerdote comienza esta oración.

Luego, todos se le unen diciendo o cantando:

Santo, santo, santo es el Señor,
Dios del universo.
Llenos están el cielo y la tierra de tu gloria.
Hosanna en el cielo.
Bendito el que viene en el nombre del Señor.
Hosanna en el cielo.

A Prayer of Thanksgiving

The **Eucharistic Prayer** is the high point of our celebration of the Mass. It is our prayer of praise and thanksgiving. In it, we remember all that Jesus has done to save us. We remember Jesus' sacrifice on the cross. He gave up his life to save us from sin. We receive the grace of salvation that Jesus won for us.

The priest begins this prayer.

All then join with him in singing or saying:

Holy, Holy, Holy Lord God of hosts.
Heaven and earth are full of your glory.
Hosanna in the highest.
Blessed is he who comes
in the name of the Lord.
Hosanna in the highest.

It is good to thank Jesus.

I Listen to God's Word

The holy Spirit will teach you everything and remind you of all that I told you.

John 14:26

La Presencia Real

La siguiente parte de la Plegaria Eucarística es la **Consagración**. En ese momento, mediante las palabras y las acciones del sacerdote, el sacrificio de Jesús se hace presente nuevamente. El sacerdote repite las mismas palabras que Jesús pronunció en la Última Cena. El pan y el vino se convierten entonces en el Cuerpo y la Sangre de Cristo.

El Cuerpo y la Sangre de Cristo mantendrán el sabor y la apariencia del pan y el vino. Mediante la acción del Espíritu Santo y las palabras de consagración del sacerdote, se han convertido en el Cuerpo y la Sangre de Cristo.

The Real Presence

The next part of the Eucharistic Prayer is the **Consecration**. At this time, through the words and actions of the priest, Jesus' sacrifice is made present again. The priest repeats the very same words Jesus said at the Last Supper. The bread and wine then become the Body and Blood of Christ.

The Body and Blood of Christ will look and taste like bread and wine. They have become the Body and Blood of Christ through the power of the Holy Spirit and the priest's words of consecration.

El alimento espiritual es muy especial.

Nuestro alimento espiritual

A continuación, todos cantamos o respondemos:

Anunciamos tu muerte,
proclamamos tu Resurrección.
¡Ven, Señor Jesús!

En la Plegaria Eucarística ofrecemos el pan y el vino como signo del ofrecimiento de nosotros mismos a Dios. A cambio, Dios nos da la Eucaristía, el Cuerpo y la Sangre de Jesucristo. Bajo la apariencia del pan y el vino, Cristo mismo se convierte en nuestro alimento espiritual. Lo recibiremos al recibir la Sagrada Comunión. Conscientes de todo esto, juntos rezamos o cantamos:

Amén.

Este gran Amén es nuestro "sí" a todo lo que se ha celebrado. Con él concluye la Plegaria Eucarística.

Our Spiritual Food

Next, all sing or pray:

> We proclaim your Death, O Lord,
> and profess your Resurrection
> until you come again.

In the Eucharistic Prayer, we offer the bread and wine as a sign of offering ourselves to God. In return, God gives us the Eucharist, the Body and Blood of Jesus Christ. Under the appearance of bread and wine, Christ himself becomes our spiritual food. We will receive him when we receive Holy Communion. Realizing all of this, we sing or pray together:

> Amen.

This Great Amen is our "yes" to all that has taken place. It brings the Eucharistic Prayer to an end.

Spiritual food is very special.

¿Qué sucede después?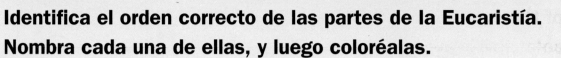

Identifica el orden correcto de las partes de la Eucaristía.

Nombra cada una de ellas, y luego coloréalas.

Sagrada Comunión

Santo

Consagración

1 _____

2 _____

3 _____

What Happens Next?

Identify the correct order of the parts of the Eucharist.
Name each one and then color the drawing.

Holy Communion

Holy, Holy, Holy

Consecration

1   Holy, Holy, Holy and

2   Consecratain

3   Holy Cummunion

Uno con Jesús

En la misa recordamos lo mucho que Jesús nos ama. Recordamos la manera en que compartió una cena con sus apóstoles. Recordamos la manera en que se ofreció a sí mismo como regalo. Jesús está con nosotros de una manera especial. Cuando lo recibimos en la Sagrada Comunión, nos hacemos uno con él y con los demás.

El amor que nos hace uno

Guía: Al trazar la Señal de la Cruz sobre nuestra frente recordamos que el gran amor de Dios nos hace hermanos y hermanas.

Todos rezan juntos la Señal de la Cruz.

Guía: Para prepararnos para escuchar la Palabra de Dios, pidamos al Espíritu Santo que nos ayude a escuchar con atención.

Ahora escuchemos una vez más el relato de la Última Cena (*Jesús cumple su promesa*, páginas 52–53).

Imagina que estás en la mesa con Jesús y los apóstoles. La mesa está servida con platillos muy especiales. En el centro de la mesa hay un cordero asado. Hay canastos de pan y copas llenas de vino. ¡Todo huele delicioso! Mira alrededor de la mesa. ¿Qué más ves?

The Love That Makes Us One

Prayer Leader: As we pray the Sign of the Cross, we remember that God's great love for us makes us all brothers and sisters.

All pray the Sign of the Cross together.

Prayer Leader: To prepare ourselves to hear the Word of God, let's silently ask the Holy Spirit to help us be good listeners.

Now listen once more to the story of the Last Supper (Jesus Keeps His Promise, pages 52–53).

Imagine that you are at the table with Jesus and the apostles. The table is filled with plates of special food. In the center of the table is a roasted lamb. There are baskets of bread and glasses of wine. Everything smells delicious. Look around the table. What else do you notice?

One with Jesus

At Mass, we remember how much Jesus loves us. We remember how he shared a meal with his apostles. We remember how he gave himself to them as a gift. Jesus is with us in a special way. When we receive him in Holy Communion, we are one with him and with one another.

Cuando rezo

Recuerdo lo mucho que Jesús me ama. Le doy gracias por el regalo de sí mismo en la Eucaristía.

Ves a Jesús tomar un pedazo de pan de uno de los canastos. Todos guardan silencio cuando Jesús comienza la bendición. Mira a cada uno de ustedes y dice: "Este es mi cuerpo que será entregado por ustedes; hagan esto en conmemoración mía". ¿En qué piensas cuando escuchas esas palabras?

Es difícil entender las palabras de Jesús. Sin embargo, es fácil entender el amor que Jesús te tiene. Sabes que estás unido a él en el amor. Jesús nos da el regalo de sí mismo porque nos ama mucho.

Agradécele a Jesús el gran amor que te tiene. Luego, espera un momento en silencio y deja que él te hable.

Todos: Te doy gracias, Señor.
Te doy gracias con todo mi corazón,
porque has dado cosas buenas
a quienes te aman. Amén.

adaptado del Salmo 138:1–2

You see Jesus take a piece of bread from the basket. Everyone grows silent when he starts to pray a blessing. He looks at each of you and says, "This is my body, which will be given for you; do this in memory of me." What do you think about when you hear those words?

It is hard to understand Jesus' words. But it is easy to understand Jesus' love for you. You understand that you are united with him in love. Jesus gives us the gift of himself because he loves us all so much.

Thank Jesus for the great love he has for you. Then pause for a moment and let him speak to you.

All: I give thanks to you, O Lord.
I thank you with all my heart.
For you have given good things
To all those who love you. Amen.

adapted from Psalm 138:1–2

When I Pray

I remember how much I am loved by Jesus. I thank him for the gift of himself in the Eucharist.

Viviendo mi fe

Recuerdo lo que aprendo

- Jesús nos dio su Cuerpo y Sangre en la Última Cena.
- El sacerdote reza las palabras de la Consagración.
- Jesucristo está presente en la Sagrada Comunión mediante la acción del Espíritu Santo.
- La Sagrada Comunión es alimento para mi camino espiritual.

Vivo lo que aprendo

Escucho atentamente las palabras de consagración durante la misa.

Creo que Jesucristo está realmente presente en la Eucaristía.

Me preparo para mi Primera Sagrada Comunión.

Conozco estas palabras

Encuentro estas palabras en el *Glosario:*

Consagración, p. 102

Plegaria Eucarística, p. 102

Última Cena, p. 102

Comparto con mi familia

Cristo se hace presente para nosotros en la Sagrada Comunión. Habla con tu familia acerca de las ocasiones en las que sientes la presencia de Dios también en tu hogar.

Oración final

Gracias, Jesús, por el don de tu Cuerpo y de tu Sangre. Ayúdame a amar profundamente la Eucaristía.

Living My Faith

I Remember What I Learn

- Jesus gave us his Body and Blood at the Last Supper.
- The priest prays the words of the Consecration.
- Jesus Christ is present in Holy Communion through the action of the Holy Spirit.
- Holy Communion is food for my spiritual journey.

I Live What I Learn

I listen carefully to the words of consecration at Mass.

I believe that Jesus Christ is really present in the Eucharist.

I prepare myself for my First Holy Communion.

I Know These Words

I find these words in the Glossary.

Consecration, p. 102

Eucharistic Prayer, p. 102

Last Supper, p. 102

I Share with My Family

Christ is present to us in Holy Communion. Talk with your family about the times you feel God's presence in your home too.

Closing Prayer

Thank you, loving Jesus, for the gift of your Body and Blood. Help me to have a great love for the Eucharist.

Recibir

Saludable

Todos queremos mantenernos sanos. Esto significa que necesitamos consumir alimentos que nos fortalezcan y nos den energía. Encierra en un círculo los alimentos que representan una opción saludable.

zanahorias   frijolitos de dulce   pollo

papas fritas   leche   refresco

avena   manzanas   pan de trigo

queso   helado   magdalenas

Oración

Jesús, Pan de Vida, fortaléceme para hacer tu voluntad.

Receiving

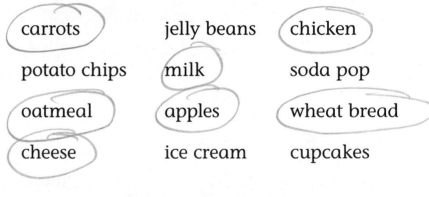

Good for You

We all want to be healthy. That means we eat foods that make us strong and give us energy. Circle the foods below that are healthy choices.

carrots   jelly beans   chicken

potato chips   milk   soda pop

oatmeal   apples   wheat bread

cheese   ice cream   cupcakes

Prayer

Jesus, Bread of Life, strengthen me to do your will.

61

Los primeros cristianos

Durante la Última Cena, Jesús dijo a sus apóstoles: "Hagan esto en conmemoración mía". Los primeros cristianos hicieron lo que Jesús pedía. Se reunían en sus casas. Cantaban himnos. Alababan a Dios. Aprendían más y más acerca de lo que Jesús había dicho y enseñado.

The Early Christians

At the Last Supper Jesus told the apostles, "Do this in memory of me." The early Christians did what Jesus wanted. They gathered in one another's homes. They sang hymns. They praised God. They learned more about what Jesus said and taught.

La gente también recordó lo que Jesús había hecho la noche de la Última Cena. Recordaron lo que Jesús les había pedido que hicieran. Bendijeron el pan y lo compartieron. Bendijeron la copa de vino. Recibieron el Cuerpo y la Sangre de Cristo.

adaptado de los Hechos de los Apóstoles 2:42–47

The people also remembered what Jesus did on the night of the Last Supper. They remembered what Jesus told them to do. They blessed and broke the bread. They blessed the cup of wine. They received the Body and Blood of Christ.

adapted from Acts of the Apostles 2:42–47

Rito de la Comunión

Nos preparamos para recibir la Sagrada Comunión durante la misa.
Rezamos como Jesús nos enseñó. Rezamos el Padrenuestro.

Completa los espacios en blanco con las palabras que faltan.

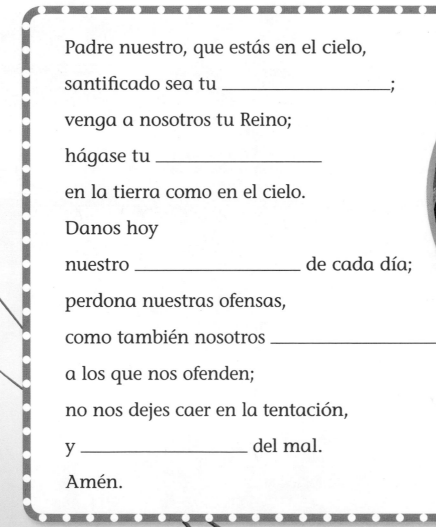

Padre nuestro, que estás en el cielo,

santificado sea tu _____;

venga a nosotros tu Reino;

hágase tu _____

en la tierra como en el cielo.

Danos hoy

nuestro _____ de cada día;

perdona nuestras ofensas,

como también nosotros _____

a los que nos ofenden;

no nos dejes caer en la tentación,

y _____ del mal.

Amén.

Communion Rite

We get ready to receive Holy Communion at Mass.
We pray as Jesus taught us. We pray the Lord's Prayer.

Fill in the blanks with the missing words.

Our Father, who art in heaven,

hallowed be thy _____name_____;

thy kingdom come,

thy _____will_____ be done

on earth as it is in heaven.

Give us this day our daily _____bread_____,

and forgive us our trespasses,

as we _____forgive_____ those
   who trespass against us;

and lead us not into temptation,

but _____deliver_____ us from evil.

Amen.

Pienso en esto

El Padrenuestro también es conocido como la Oración del Señor. Es la oración que Jesús nos enseñó.

El sacerdote continúa la oración. Nuevamente le pide a Dios que nos proteja de todo mal y que nos conceda la paz. Le pide a Dios que vivamos libres de pecado y llenos de esperanza.

Luego, contestamos juntos:

> Tuyo es el reino, tuyo el poder y la gloria, por siempre, Señor.

El Rito de la Paz sigue al Padrenuestro. En este momento compartimos una señal de paz entre nosotros e imploramos la misericordia de Dios.

Jesús creyó en la paz.

The priest continues to pray. He asks God again to protect us from evil and to give us peace. He prays that we will be free from sin and full of hope.

Then together we say:

> For the kingdom,
> the power and the glory are yours
> now and for ever.

The Sign of Peace follows the Lord's Prayer. At this time, we share a sign of peace with one another and pray for God's mercy.

Jesus believed in peace.

Hmm...

I Think About This

The Lord's Prayer is also called the Our Father. It is the prayer that Jesus taught us.

Recibir la Sagrada Comunión

Cantamos mientras vamos en procesión a recibir la Sagrada Comunión. Inclinamos la cabeza antes de recibir la **hostia**. El sacerdote, diácono o ministro extraordinario de la Sagrada Comunión, dice:

El Cuerpo de Cristo.

Nosotros respondemos:

Amén.

Este es nuestro "sí". Significa que realmente creemos que estamos recibiendo a Jesucristo bajo la apariencia de pan y vino. Después, el sacerdote coloca la hostia en nuestra mano o en nuestra lengua.

Cuando recibimos la Sangre de Cristo, nuevamente inclinamos la cabeza y respondemos:

Amén.

Después, bebemos del **cáliz**.

Receiving Holy Communion

We sing as we come in procession to receive Holy Communion. Before we receive the **host**, we bow our heads. The priest, the deacon, or the extraordinary minister of Holy Communion says:

The Body of Christ.

We answer:

Amen.

This is our "yes." It means we really believe that we are receiving Jesus Christ under the appearances of bread and wine. The priest then places the host in our hand or on our tongue.

When we receive the Blood of Christ, we again bow our heads and answer:

Amen.

Then we drink from the **chalice**.

Oración después de la Comunión

Tras recibir la Sagrada Comunión regresamos a nuestro lugar. Jesús ha venido a nosotros. Una vez que todas las personas han comulgado rezamos en silencio.

Piensa en lo que te gustaría decir a Jesús tras recibir tu Primera Sagrada Comunión. Escribe una oración en forma de carta:

Querido Jesús:

_____

_____

_____

_____

_____

_____

_____

Prayer After Communion

After we receive Holy Communion, we return to our place in church. Jesus has come to us. After everyone has received Communion, we pray in silence.

Think about what you would want to say to Jesus after you receive your First Holy Communion. Write a prayer in the form of a letter:

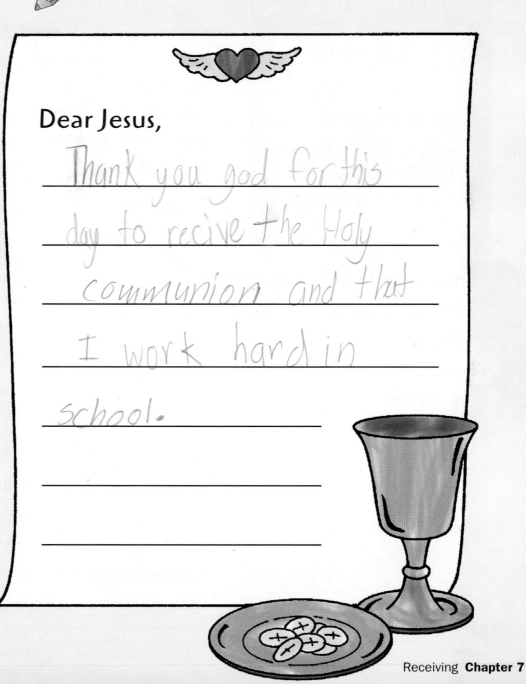

Dear Jesus,

Thank you god for this day to recive the Holy communion and that I work hard in school.

Jesús enseñó a sus apóstoles a rezar el Padrenuestro. También nosotros conocemos esa oración. Cuando la rezamos juntos, recordamos que Dios es nuestro Padre. Todos somos sus hijos e hijas. Dios quiere que tengamos todo lo necesario.

Todo lo que necesitamos

Guía: Cuando los apóstoles pidieron a Jesús que les enseñara a rezar, les enseñó el Padrenuestro. Mientras lo rezamos todos juntos pausadamente, pensemos en lo que significa hoy para nosotros.

Todos: Padre nuestro que estás
en el cielo,
santificado sea tu Nombre.

Guía: Dios es nuestro Padre. Él nos creó. Nos ama plenamente. Su nombre es santo. Nos dirigimos a él con respeto y devoción.

Todos: Venga a nosotros tu Reino;
hágase tu voluntad
en la tierra como en el cielo.

Guía: Crecemos en santidad al cuidar de la creación de Dios. Manifestamos que cuidamos de la naturaleza, de nosotros mismos y de los demás.

Todos: Danos hoy
nuestro pan de cada día.

All That We Need

Prayer Leader: When his apostles asked Jesus how to pray, he taught them the Lord's Prayer. As we pray it slowly together, let's think about what it means for us today.

All: Our Father, who art in heaven, hallowed be thy name.

Prayer Leader: God is our Father. He made us. He loves us. His name is holy. We speak it reverently, with respect.

All: Thy kingdom come, thy will be done on earth as it is in heaven.

Prayer Leader: We grow in holiness when we care for God's creation. We show that we care for nature, for ourselves, and for other people.

All: Give us this day our daily bread.

Praying the Lord's Prayer

Jesus taught his apostles to pray the Lord's Prayer. We know that prayer too. When we pray it together, we remember that God is our Father. We are all his children. God wants us to have all that we need.

Cuando rezo

Puedo pedir lo que necesito. Sé que Dios escucha mi oración.

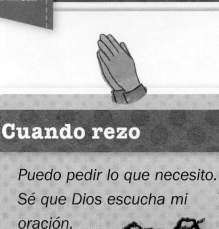

Guía: Dios es generoso. Todo lo que tenemos es un don de él. Dios quiere que tengamos todo lo que necesitamos.

Todos: Perdona nuestras ofensas, como también nosotros
   perdonamos
a los que nos ofenden.

Guía: Dios quiere que perdonemos a las demás personas, así como él nos perdona.

Todos: No nos dejes caer en la tentación, y líbranos del mal.
Amén.

Guia: Dios es nuestro Padre. Él nos da la gracia para seguir a Jesús. Le damos gracias al rezar juntos:

Todos: Te alabamos y te damos gracias, Dios del amor, por Jesucristo, tu Hijo. Amén.

Prayer Leader: God is generous. All that we have is a gift from him. He wants us to have everything we need.

All: And forgive us our trespasses, as we forgive those who trespass against us.

Prayer Leader: God wants us to forgive others, just as he forgives us.

All: And lead us not into temptation, but deliver us from evil. Amen.

Prayer Leader: God is our Father. He gives us the grace to follow Jesus. We thank him as we pray together:

All: We praise and thank you, loving God, through Jesus Christ, your Son. Amen.

When I Pray

I can ask for what I need. I know God hears my prayer.

Viviendo mi fe

Recuerdo lo que aprendo

- Los primeros cristianos recibieron el Cuerpo y la Sangre de Cristo.
- Durante la misa rezamos el Padrenuestro.
- Digo "Amén" al recibir la Sagrada Comunión.

Vivo lo que aprendo

Aprendo las palabras del Padrenuestro.

Creo que Cristo está verdaderamente presente bajo la apariencia de pan y vino.

Le doy gracias a Jesús por invitarme a recibirlo en la Sagrada Comunión.

Conozco estas palabras

Encuentro estas palabras en el *Glosario*:

cáliz, p. 102

hostia, p. 102

Comparto con mi familia

Jesús se nos da a sí mismo en la Eucaristía. Con tu familia, menciona algunas de las maneras en que cada uno de ustedes comparte su amor y su tiempo con los demás.

Oración final

Gracias Jesús, por enseñarme a rezar. Ayúdame a abrir mi corazón a ti.

Living My Faith

I Remember What I Learn

- The first Christians received the Body and Blood of Christ.
- We pray the Lord's Prayer at Mass.
- I say "Amen" when receiving Holy Communion.

I Live What I Learn

I learn the words of the Lord's Prayer.

I believe that Christ is truly present under the appearances of bread and wine.

I thank Jesus for inviting me to receive him in Holy Communion.

I Know These Words

I find these words in the Glossary.

chalice, p. 102

host, p. 102

I Share with My Family

Jesus shares himself with us in the Eucharist. With your family, name ways each of you shares your time and love with others.

Closing Prayer

Thank you, Jesus, for teaching me to pray. Help me open my heart to you.

En camino

De viaje

Una de las partes divertidas de salir fuera de casa es prepararse para el viaje. Imagina que vas a ir de vacaciones o a acampar. Estarás fuera durante algún tiempo. ¿Cuáles son las tres cosas esenciales que empacarías en tu maleta?

1. _____

2. _____

3. _____

Oración

Jesús, amigo fiel, ayúdame a caminar contigo para que pueda llevar tu Palabra a los demás y vivir en tu amor.

Journeying

On the Way

Part of the fun of going away is getting ready. Imagine you're going on vacation or to camp. You'll be away for a while. What three things will you be sure to pack in your suitcase?

1. _A pillow and blakets_
2. _clothes/swimsuit/shoes_
3. _food/bows/ligas_

71

El hombre del camino

Dos discípulos de Jesús iban caminando, saliendo de Jerusalén. Jesús, su amigo, había muerto allí en la cruz.

Mientras iban de camino, los dos amigos se encontraron con un hombre. Este les preguntó por qué iban tan tristes. Le contaron que su amigo Jesús había muerto. Algunas mujeres habían dicho que Jesús había resucitado de entre los muertos, pero no sabían si creerlo o no.

Aquel hombre comenzó a caminar con los dos amigos. Les recordó que las Escrituras decían que Dios enviaría a un Salvador que sufriría, moriría y después entraría en el cielo.

The Man on the Road

Two of Jesus' followers were on a journey. They were leaving Jerusalem. Jesus, their friend, had died on the cross there.

Along the way, the two friends met a man on the road. He asked them why they were so sad. They told him that their friend Jesus had died. Some women had said that Jesus had risen from the dead, but they were not sure what to believe.

The man began to walk with the two friends. He reminded them that the Scriptures said that God would send a savior who would suffer, die, and then enter Heaven.

Al caer la tarde, los tres viajeros llegaron a un pueblo. Los dos amigos invitaron a su acompañante a que compartiera la cena con ellos. Durante la cena, aquel hombre tomó pan, lo bendijo, lo partió y se lo dio.

En aquel momento, los amigos supieron que este hombre era Jesús resucitado. Entonces Jesús desapareció.

Los dos amigos regresaron muy contentos a Jerusalén. Les dijeron a todos que habían visto a Jesús resucitado.

adaptado de Lucas 24:13–35

As evening came, the three travelers arrived at a village. The two friends invited the man to stay for dinner with them. At dinner the man took bread, blessed it, broke it, and gave it to them.

At that moment, the friends knew that this man was the risen Jesus! Then Jesus disappeared.

The friends went happily back to Jerusalem. They told everyone there that they had seen the risen Jesus.

adapted from Luke 24:13–35

Nuestro camino

Somos como los amigos de Jesús que viajaban desde Jerusalén. Recibieron a Jesús. Lo reconocieron al partir el pan. Después, regresaron a Jerusalén. Querían decir a todas las personas que Jesús aún está con nosotros.

También nosotros estamos en camino, un camino de fe. Reconocemos a Jesús en la Eucaristía. Recibimos a Jesús en nuestro corazón. Le damos la bienvenida en las personas que conocemos. Compartimos su amor con los demás. Queremos que todas las personas conozcan a Jesús y todo lo que él hace por nosotros.

Voy a anunciar contigo la Palabra de Dios.

Our Journey

We are like Jesus' friends on their journey from Jerusalem. They welcomed Jesus. They knew him in the breaking of the bread. Then they went back to Jerusalem. They wanted to tell everyone that Jesus is still with us.

We too are on a journey—our journey of faith. We recognize Jesus in the Eucharist. We welcome Jesus into our hearts. We welcome him in the people we meet. We share his love with others. We want everyone to know about Jesus and all that he does for us.

I'm going to spread the Word with you.

Bendición final

Después de recibir la Sagrada Comunión, dedicamos tiempo para sentarnos o arrodillarnos en silencio. Es un momento para darle gracias a Jesús.

A continuación, el sacerdote se pone de pie para dar la bendición final. También nosotros nos ponemos de pie. El sacerdote o el diácono a veces nos pide que inclinemos la cabeza para recibir la bendición de Dios. El sacerdote le pide a Dios que nos otorgue diversas gracias. La **gracia** es un don que Dios nos ha dado sin merecerlo.

Entonces, nos santiguamos mientras el sacerdote dice:

La bendición de Dios todopoderoso,
Padre, Hijo y Espíritu Santo,
descienda sobre ustedes.

Nosotros contestamos:

Amén.

Final Blessing

After receiving Holy Communion, we take time to sit or kneel quietly. It is a time to thank Jesus.

Then the priest stands for the Final Blessing. We stand too. Sometimes the priest or the deacon tells us to bow our heads and pray for God's blessing. He asks God for a number of special graces for us. **Grace** is the gift of God given to us without earning it.

Then we bless ourselves as the priest prays:

May almighty God bless you,
the Father, and the Son,
and the Holy Spirit.

We answer:

Amen.

Despedida

Entonces el sacerdote o diácono nos dice:

Pueden ir en paz.

Respondemos:

Demos gracias a Dios.

Nuestra celebración de la misa ha concluido. Hemos rezado con nuestra familia parroquial. Ahora salimos de la iglesia y continuamos con nuestra vida cotidiana. Nuestra misión es vivir lo que hemos celebrado. Hemos sido enviados a glorificar al Señor amando y sirviendo a Dios y a los demás.

Continuaremos recibiendo la Sagrada Comunión tantas veces como nos sea posible. Continuaremos alabando a Dios viviendo una vida santa.

St. Vincent De Paul

Dismissal

The priest or deacon then tells us:

Go in peace, glorifying the Lord by your life.

We answer:

Thanks be to God.

Our celebration of the Mass has ended. We have prayed with our parish family. Now we leave church and go about our daily lives. Our mission is to live what we celebrated. We have been sent to glorify the Lord by loving and serving God and others.

We will continue to receive Holy Communion as often as we can. We will continue to praise God by living holy lives.

I Listen to God's Word

Jesus said, "Peace I leave with you; my peace I give to you."

John 14:27

El mensaje de Dios

Elige un color con el cual rellenar los espacios marcados con **X** para encontrar el mensaje escondido. Usa esa palabra para completar la frase. Para terminar, usa diferentes colores para colorear alrededor del mensaje escondido.

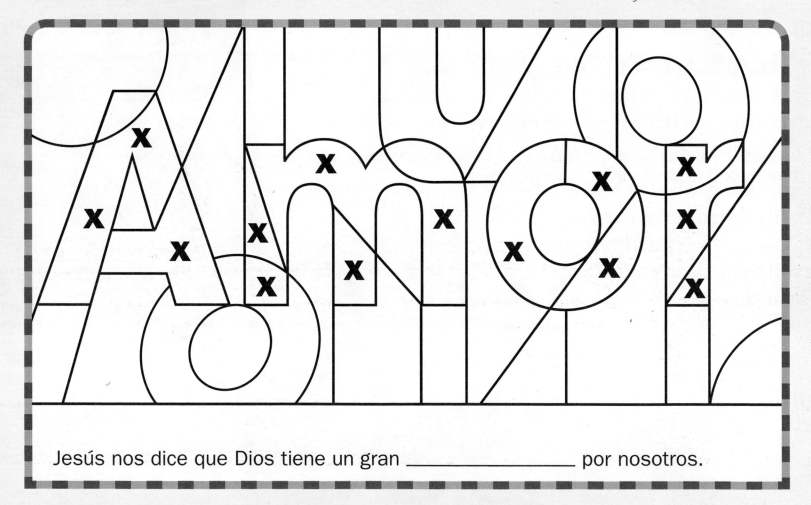

Jesús nos dice que Dios tiene un gran _____ por nosotros.

God's Message

Choose one color to fill in the spaces marked with an **X** to find the hidden message. Use that word to finish the sentence below it. To finish, color around the hidden message using different colors.

Jesus tells us that God has a great ___*love*___ for us.

Enviados a compartir

Recibir a Jesús en la Sagrada Comunión es un maravilloso regalo. Es un regalo para ser compartido. Jesús se nos da a sí mismo para que compartamos su amor con los demás.

Bendecidos y enviados

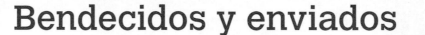

Recen juntos la Señal de la Cruz.

Guía: Así como los dos amigos que se encontraron con Jesús en el camino, también nosotros nos encontramos con Jesús. Conversamos con él y le abrimos nuestro corazón. Dentro de poco tiempo, ustedes compartirán el alimento sagrado del sacramento de la Eucaristía. Abramos nuestro corazón a Jesús, quien nos envía a amar y servir a los demás.

Señor Jesús, tú bendices mi vida con tu presencia.

Respuesta: Envíame con tu alegría a glorificar al Señor.

Guía: Señor Jesús, tú me bendices con tu Palabra en los Evangelios.

Respuesta: Envíame con tu paz a glorificar al Señor.

Guía: Señor Jesús, tú me bendices con el deseo de recibirte en la Sagrada Comunión.

Respuesta: Envíame con tu amor a glorificar al Señor.

Blessed and Sent

Pray the Sign of the Cross together.

Prayer Leader: Just like the two friends who met Jesus on the road, we meet Jesus. We talk with him and open our hearts to him. Soon you will share in the holy meal of the Sacrament of the Eucharist. Let us open our hearts to Jesus, who sends us to love and serve others.

Lord Jesus, you bless me with your presence in my life.

Response: Send me with your joy to glorify the Lord.

Prayer Leader: Lord Jesus, you bless me with your Word in the Gospels.

Response: Send me with your peace to glorify the Lord.

Prayer Leader: Lord Jesus, you bless me with the desire to receive you in Holy Communion.

Response: Send me with your love to glorify the Lord.

Sent to Share

Receiving Jesus Christ in Holy Communion is a wonderful gift. It's a gift that is meant to be shared. Jesus gives himself to us so that we can share his love with others.

Cuando rezo

Pido la bendición de Dios para mí y para los demás.

Guía: Señor Jesús, tú me bendices con el don de tu amistad.

Respuesta: Envíame con tu gracia a glorificar al Señor.

Guía: Dios, Padre nuestro, tú nos amas. Guárdanos siempre bajo tu cuidado.

Respuesta: Amén.

Guía: Jesús, tú eres nuestro amigo y hermano. Llena nuestro corazón de un amor sin fin.

Respuesta: Amén.

Guía: Espíritu Santo, tú nos fortaleces. Ayúdanos a vivir una vida de amor y servicio.

Respuesta: Amén.

Guía: Vayamos en paz a amar y servir al Señor.

Respuesta: Demos gracias a Dios.

Recen juntos la Señal de la Cruz.

Prayer Leader: Lord Jesus, you bless me with the gift of being your friend.

Response: Send me with your grace to glorify the Lord.

Prayer Leader: God our Father, you love us. Keep us always in your care.

Response: Amen.

Prayer Leader: Jesus, you are our friend and brother. Fill our hearts with unending love.

Response: Amen.

Prayer Leader: Holy Spirit, you strengthen us. Help us to live a life of love and service.

Response: Amen.

Prayer Leader: Go in peace, glorifying the Lord by your life.

Response: Thanks be to God.

Pray the Sign of the Cross together.

When I Pray

I ask for God's blessing for myself and for others.

Viviendo mi fe

Recuerdo lo que aprendo

- Los amigos de Jesús lo reconocieron al partir el pan.

- Me encontraré con Jesús en la Sagrada Comunión.

- Soy enviado a llevar el amor de Jesús a los demás.

Vivo lo que aprendo

Amo a Jesús.

Sigo a Jesús.

Recibiré a Jesucristo en la Sagrada Comunión.

Llevaré su amor y paz a los demás.

Conozco esta palabra

Encuentro esta palabra en el *Glosario*:

gracia, p. 102

Comparto con mi familia

Después de la misa somos enviados a llevar el amor de Cristo a los demás. Dialoga con tu familia sobre lo que recordarás siempre de tu preparación para la Sagrada Comunión.

Oración final

Gracias, Jesús, por este momento especial de preparación. Ayúdame a recibirte siempre con alegría.

Living My Faith

I Remember What I Learn

- The friends of Jesus knew him in the breaking of the bread.

- I will meet Jesus in Holy Communion.

- I am sent to bring Jesus' love to others.

I Live What I Learn

I love Jesus.

I follow Jesus.

I will receive Jesus Christ in Holy Communion.

I will bring his peace and love to others.

I Know This Word

I find this word in the Glossary.

grace, p. 102

I Share with My Family

After Mass, we are sent to bring Christ's love to others. Discuss with your family what you will remember and bring from your preparation for Holy Communion.

Closing Prayer

Thank you, Jesus, for this special time of preparation. Help me to always look forward to receiving you with joy.

Vivo mi fe

Celebro el día del Señor

El domingo es el día en que celebramos la Resurrección de Jesús. El domingo es el día del Señor. Comenzamos nuestra celebración del día del Señor el sábado en la noche. Nos reunimos en la misa para celebrar el día del Señor. Descansamos del trabajo. Pasamos tiempo con nuestra familia y hacemos cosas por los demás. Las personas en todo el mundo se reúnen en torno a la mesa eucarística de Dios como hermanos y hermanas.

El domingo es el día del Señor.

I Celebrate the Lord's Day

Sunday is the day on which we celebrate the Resurrection of Jesus. Sunday is the Lord's Day. We begin our celebration of the Lord's Day on Saturday evening. To celebrate the Lord's Day, we gather for Mass. We rest from work. We spend time with our families and do things for others. People all over the world gather at God's Eucharistic Table as brothers and sisters.

Sunday is the Lord's Day.

El Ordinario de la Misa

La misa es el momento culmen de nuestra vida como católicos. Siempre sigue un orden establecido.

1 Ritos Iniciales

Nos reunimos como comunidad para celebrar la presencia de Dios en nuestra vida. Alabamos a Dios juntos, cantando juntos el **canto de entrada**.

Rezamos la **Señal de la Cruz**. A continuación, el sacerdote nos recibe con el **saludo inicial**:

Sacerdote: La gracia de nuestro Señor Jesucristo, el amor del Padre y la comunión del Espíritu Santo estén con todos ustedes.

Pueblo: Y con tu espíritu.

The Order of Mass

Mass is the high point of our faith life as Catholics. It always follows a set order.

1 ## Introductory Rites

We gather as a community to celebrate God's presence in our lives. We praise God singing together the **Entrance Chant.**

We all pray the **Sign of the Cross**. Then the priest greets us in the words of the **Greeting**:

Priest: The grace of our Lord Jesus Christ,
and the love of God,
and the communion of the Holy Spirit
be with you all.

People: And with your spirit.

Rito Penitencial

Reconocemos nuestros pecados e imploramos la misericordia de Dios. Quizás el sacerdote nos invite a rezar la siguiente oración:

Yo confieso ante Dios todopoderoso

y ante ustedes, hermanos,

que he pecado mucho

de pensamiento, palabra, obra y omisión.

Por mi culpa, por mi culpa, por mi gran culpa.

Por eso ruego a santa María, siempre Virgen,

a los ángeles, a los santos,

y a ustedes, hermanos,

que intercedan por mí ante Dios,

nuestro Señor.

Amén.

Kyrie (Señor, ten piedad)

A continuación, rezamos implorando la misericordia y el perdón de Dios:

Sacerdote: Señor, ten piedad.

Pueblo: Señor, ten piedad.

Sacerdote: Cristo, ten piedad.

Pueblo: Cristo, ten piedad.

Sacerdote: Señor, ten piedad.

Pueblo: Señor, ten piedad.

Sacerdote: Dios todopoderoso, tenga misericordia de nosotros, perdone nuestros pecados y nos lleve a la vida eterna.

Pueblo: Amén.

Penitential Act

We acknowledge our sinfulness and ask God for mercy. The priest may invite us to pray this prayer:

I confess to almighty God
and to you, my brothers and sisters,
that I have greatly sinned,
in my thoughts and in my words,
in what I have done and in what I have
  failed to do,
  Then we strike our breast and say:
through my fault, through my fault,
through my most grievous fault;
therefore I ask blessed Mary ever-Virgin,
all the Angels and Saints,
and you, my brothers and sisters,
to pray for me to the Lord our God.
Amen.

Kyrie (Lord, Have Mercy)

Then we pray for God's mercy and forgiveness:

Priest: Lord, have mercy.

People: Lord, have mercy.

Priest: Christ, have mercy.

People: Christ, have mercy.

Priest: Lord, have mercy.

People: Lord, have mercy.

Priest: May almighty God have mercy on us,
forgive us our sins,
and bring us to everlasting life.

People: Amen.

Gloria

Juntos, alabamos a Dios cantando o
  rezando el Gloria:

Gloria a Dios en el cielo,

  y en la tierra paz a los hombres

que ama el Señor.

Por tu inmensa gloria,

  te alabamos, te bendecimos,

  te adoramos, te glorificamos,

    te damos gracias,

Señor Dios, Rey celestial,

Dios Padre todopoderoso.

Señor, Hijo único, Jesucristo.

Señor Dios, Cordero de Dios,

  Hijo del Padre;

tú que quitas el pecado del mundo,

ten piedad de nosotros;

El Gloria se puede cantar.

tú que quitas el pecado del mundo,

atiende nuestra súplica;

tú que estás sentado a la derecha del Padre,

ten piedad de nosotros;

porque solo tú eres Santo,

solo tú Señor, solo tú Altísimo, Jesucristo,

  con el Espíritu Santo

  en la gloria de Dios Padre. Amén.

Oración Colecta

Le pedimos a Dios que escuche nuestras oraciones. Primero, todos rezamos en silencio. Después, el sacerdote reza en voz alta y nosotros respondemos: "Amén".

Gloria

Together we praise God in prayer by singing or saying the *Gloria:*

Glory to God in the highest,

and on earth peace to people of good will.

We praise you,

we bless you,

we adore you,

we glorify you,

we give you thanks for your great glory,

Lord God, heavenly King,

O God, almighty Father.

Lord Jesus Christ, Only Begotten Son,

Lord God, Lamb of God, Son of the Father,

you take away the sins of the world,

    have mercy on us;

you take away the sins of the world,

    receive our prayer;

you are seated at the right hand of the Father,

    have mercy on us.

For you alone are the Holy One,

you alone are the Lord,

you alone are the Most High,

Jesus Christ,

with the Holy Spirit,

in the glory of God the Father.

Amen.

Collect Prayer

We ask God to hear our prayers. First, we all pray in silence. Then the priest prays aloud, and we respond "Amen."

The Gloria can be sung.

2 Liturgia de la Palabra

Escuchamos la Palabra de Dios proclamada de la Sagrada Escritura. Permanecemos sentados durante las dos primeras lecturas. Nos ponemos de pie para la proclamación del Evangelio. Escuchamos la homilía y rezamos para que la Palabra de Dios eche raíces en nuestro corazón.

Primera Lectura

Escuchamos la Palabra de Dios, normalmente tomada del Antiguo Testamento o de los Hechos de los Apóstoles. Honramos a la Palabra de Dios con nuestra respuesta.

Lector: Palabra de Dios.

Pueblo: Te alabamos, Señor.

Salmo Responsorial

Respondemos a la Palabra de Dios con un salmo. El lector o cantor nos invita a rezar las palabras del salmo, usualmente cantado.

Segunda Lectura

Escuchamos la Palabra de Dios tomada del Nuevo Testamento: de una de las cartas o del libro del Apocalipsis. Le damos gracias a Dios por compartirnos su Palabra.

Lector: Palabra de Dios.

Pueblo: Te alabamos, Señor.

Liturgy of the Word

We listen to God's Word proclaimed from Sacred Scripture. We sit during the first two readings. We stand as the Gospel is proclaimed. We listen to the Homily and pray that God's Word will take root in our hearts.

First Reading

We listen to God's Word, usually from the Old Testament or the Acts of the Apostles. We honor God's Word by our response.

Lector: The Word of the Lord.

People: Thanks be to God.

Responsorial Psalm

We respond to God's Word in the Psalm. The lector or cantor invites us to pray the words of the Psalm, usually in song.

Second Reading

We listen to God's Word from the books of the New Testament: one of the Letters or the Book of Revelation. We thank God for sharing his Word with us.

Lector: The Word of the Lord.

People: Thanks be to God.

El Evangelio

Nos ponemos de pie y, excepto durante la Cuaresma, cantamos "¡Aleluya!" para alabar a Dios por la Buena Nueva que vamos a escuchar en el Evangelio. Nos preparamos para escuchar la lectura de uno de los Evangelios.

Sacerdote o diácono: El Señor esté con ustedes.

Pueblo: Y con tu espíritu.

Sacerdote o diácono: Lectura del santo Evangelio según san...

Pueblo: Gloria a ti, Señor.

Entonces, todos trazamos la Señal de la Cruz sobre nuestra frente, labios y corazón. Rezamos para que la Palabra de Dios esté en nuestra mente, nuestros labios y nuestro corazón.

El sacerdote o diácono proclama el Evangelio. Alabamos a Dios por la Buena Nueva que escuchamos en el Evangelio.

Sacerdote o diácono: Palabra del Señor.

Pueblo: Gloria a ti, Señor Jesús.

Homilía

Nos sentamos y escuchamos al sacerdote o diácono explicar la Palabra de Dios. Él nos ayuda a entender cómo vivir lo que hemos escuchado.

Gospel Reading

We stand and, except during Lent, we sing "Alleluia!" to praise God for the Good News we will hear in the Gospel. We prepare to listen to a reading from one of the Gospels.

Priest or deacon: The Lord be with you.

People: And with your spirit.

Priest or deacon: A reading from the holy Gospel according to . . .

People: Glory to you, O Lord.

Then all trace a cross on their foreheads, lips, and hearts. We pray that God's Word will be in our minds, on our lips, and in our hearts.

The priest or deacon proclaims the Gospel. We offer praise for the Good News we hear in the Gospel.

Priest or deacon: The Gospel of the Lord.

People: Praise to you, Lord Jesus Christ.

Homily

We sit and listen as the priest or deacon explains God's Word. He helps us understand how to live out what we have heard.

Profesión de Fe

Nos ponemos de pie para
proclamar el Credo Niceno:

Creo en un solo Dios,

Padre todopoderoso,

Creador del cielo y de la tierra,

de todo lo visible y lo invisible.

Creo en un solo Señor, Jesucristo,

Hijo único de Dios,

nacido del padre antes de
  todos los siglos:

Dios de Dios, Luz de Luz,

Dios verdadero de Dios verdadero,

engendrado, no creado,

de la misma naturaleza del Padre,

por quien todo fue hecho;

que por nosotros, los hombres,

y por nuestra salvación bajó del cielo,

y por obra del Espíritu Santo

se encarnó de María, la Virgen, y se
  hizo hombre;

y por nuestra causa fue crucificado

en tiempos de Poncio Pilato,

padeció y fue sepultado,

y resucitó al tercer día, según las Escrituras,

y subió al cielo, y está sentado

a la derecha del Padre,

y de nuevo vendrá con gloria

para juzgar a vivos y muertos,

y su reino no tendrá fin.

Creo en el Espíritu Santo,

Señor y dador de vida,

que procede del Padre y del Hijo,

que con el Padre y el Hijo

recibe una misma adoración y gloria,

y que habló por los profetas.

Creo en la Iglesia,

  que es una, santa, católica y apostólica.

Confieso que hay un solo bautismo

  para el perdón de los pecados.

Espero la resurrección de los muertos

  y la vida del mundo futuro.

Amén.

Plegaria Universal

Le pedimos a Dios que escuche nuestras
oraciones por la Iglesia, el mundo, los
necesitados y por nosotros mismos.

Profession of Faith

We stand for the Nicene Creed:

I believe in one God,
the Father almighty,
maker of heaven and earth,
of all things visible and invisible.

I believe in one Lord Jesus Christ,
the Only Begotten Son of God,
born of the Father before all ages.
God from God, Light from Light,
true God from true God,
begotten, not made, consubstantial with
  the Father;
through him all things were made.

For us men and for our salvation
he came down from heaven,
and by the Holy Spirit was incarnate of
  the Virgin Mary,
and became man.

For our sake he was crucified under
  Pontius Pilate,
he suffered death and was buried,
and rose again on the third day
in accordance with the Scriptures.

He ascended into heaven
and is seated at the right hand of the Father.
He will come again in glory
to judge the living and the dead
and his kingdom will have no end.

I believe in the Holy Spirit,
  the Lord,
  the giver of life,
who proceeds from the
  Father and the Son,
who with the Father and
  the Son is adored and
  glorified,
who has spoken through
  the prophets.

I believe in one, holy, catholic, and
  apostolic Church.
I confess one Baptism for the forgiveness of sins
and I look forward to the resurrection of the dead
and the life of the world to come. Amen.

Prayer of the Faithful

We ask God to hear our prayers for
the Church, for the world, for people in
need, and for ourselves.

③ Liturgia de la Eucaristía

El pan y el vino se convierten en el Cuerpo y la Sangre de Cristo. Recibimos este preciadísimo don en la Sagrada Comunión.

Presentación y preparación de los dones

Traemos al altar las ofrendas del pan y el vino, y el sacerdote prepara el altar.

El sacerdote eleva el pan y pronuncia una oración, a veces en voz alta. Nosotros respondemos: "Bendito seas por siempre, Señor".

A continuación, eleva el cáliz y pronuncia una oración, a veces en voz alta. Nosotros respondemos de la misma manera.

Nos ponemos de pie mientras el sacerdote pronuncia una oración sobre los dones. Le pide a Dios que acepte nuestro sacrificio.

Sacerdote: Oren, hermanos, para que este sacrificio, mío y de ustedes, sea agradable a Dios, Padre todopoderoso.

Pueblo: El Señor reciba de tus manos este sacrificio, para alabanza y gloria de su nombre, para nuestro bien y el de toda su santa Iglesia.

3 Liturgy of the Eucharist

The bread and the wine become the Body and Blood of Christ. We receive this most precious gift in Holy Communion.

Presentation and Preparation of the Gifts

Gifts of bread and wine are brought to the altar. The priest then prepares the altar.

The priest lifts up the bread and prays a prayer, sometimes aloud. We respond, "Blessed be God for ever."

Then he raises the wine and says a prayer, sometimes aloud. We respond the same way.

We stand as the priest prays over the gifts. He asks God to accept our sacrifice.

Priest: Pray, brothers and sisters, that my sacrifice and yours may be acceptable to God, the almighty Father.

People: May the Lord accept the sacrifice at your hands for the praise and glory of his name, for our good and the good of all his holy Church.

Plegaria Eucarística

Esta oración de acción de gracias es el centro y cumbre de toda la celebración.

Con el **Prefacio**, el sacerdote nos invita a ponernos de pie y dar gracias a Dios.

Sacerdote: El Señor esté con ustedes.

Pueblo: Y con tu espíritu.

Sacerdote: Levantemos el corazón.

Pueblo: Lo tenemos levantado hacia el Señor.

Sacerdote: Demos gracias al Señor, nuestro Dios.

Pueblo: Es justo y necesario.

El sacerdote continúa rezando palabras de gratitud y alabanza. Luego, todos rezamos alabando a Dios, mientras cantamos o rezamos el **Santo**:

Santo, Santo, Santo es el Señor,
  Dios del universo.

Llenos están el cielo y la tierra
  de tu gloria.

Hosanna en el cielo.

Bendito el que viene en nombre del Señor.

Hosanna en el cielo.

Durante la **Consagración** nos ponemos de rodillas y el sacerdote reza las palabras que Jesús pronunció en la Última Cena. Por medio del poder del Espíritu Santo y de las palabras y acciones del sacerdote, el pan y el vino se convierten en el Cuerpo y la Sangre de Jesucristo.

Eucharistic Prayer

This prayer of thanksgiving is the center and high point of the entire celebration.

In the **Preface**, the priest invites us to stand and give thanks to God.

Priest: The Lord be with you.

People: And with your spirit.

Priest: Lift up your hearts.

People: We lift them up to the Lord.

Priest: Let us give thanks to the Lord our God.

People: It is right and just.

The priest continues praying words of thanks and praise. Then we all pray in praise of God as we sing or say the **Holy, Holy, Holy**:

Holy, Holy, Holy Lord God of hosts.

Heaven and earth are full of your glory.

Hosanna in the highest.

Blessed is he who comes in the name of the Lord.

Hosanna in the highest.

We kneel during the **Consecration**. The priest prays the words that Jesus spoke at the Last Supper. Through the power of the Holy Spirit and the words and actions of the priest, the bread and wine are transformed into the Body and Blood of Jesus Christ.

El sacramento de nuestra fe

Recordamos todo lo que Jesús ha hecho para salvarnos.

El sacerdote o diácono nos invita a proclamar el sacramento de nuestra fe.

Cantamos o proclamamos esta u otra oración:

Anunciamos tu muerte,

proclamamos tu resurrección.

¡Ven, Señor Jesús!

El sacerdote continúa rezando las palabras de la Plegaria Eucarística, pidiéndole a Dios que reciba nuestro sacrificio de alabanza. El sacerdote une nuestra oración con las oraciones de toda la Iglesia. Rezamos en silencio mientras escuchamos las palabras de la Plegaria Eucarística.

A continuación, el sacerdote pronuncia la **Doxología final**. Nosotros respondemos diciendo "Amén". Cuando rezamos **Amén** estamos diciendo "sí", con fe, a todo lo que hemos rezado en la Plegaria Eucarística.

Sacerdote: Por Cristo, con él y en él,
a ti, Dios Padre omnipotente,
en la unidad del Espíritu Santo,
todo honor y toda gloria
por los siglos de los siglos.

Pueblo: Amén.

Mystery of Faith

We remember all that Jesus has done to save us.

The priest or deacon invites us to proclaim the mystery of our faith.

We sing or say aloud this prayer or another:

We proclaim your Death, O Lord,

and profess your Resurrection

until you come again.

The priest continues to pray the words of the Eucharistic Prayer, asking God to receive our sacrifice of praise. He joins our prayer with the prayers of the whole Church. We pray quietly as we listen to the words of the Eucharistic Prayer.

Then the priest prays the **Concluding Doxology**. We respond, "Amen." When we pray **Amen**, we are saying yes in faith to all that we have prayed in the Eucharistic Prayer.

Priest: Through him, and with him, and in him,
O God, almighty Father,
in the unity of the Holy Spirit,
all glory and honor is yours,
for ever and ever.

People: Amen.

4 Rito de la Comunión

Ahora nos preparamos para recibir el Cuerpo y la Sangre de Jesucristo. Rezamos para estar unidos los unos a los otros en Cristo.

Nos ponemos de pie y juntos rezamos el **Padrenuestro**:

Padre nuestro que estás en el cielo,

santificado sea tu Nombre;

venga a nosotros tu Reino;

hágase tu voluntad

en la tierra como en el cielo.

Danos hoy

nuestro pan de cada día;

perdona nuestras ofensas,

como también nosotros
  perdonamos

a los que nos ofenden;

no nos dejes caer
  en la tentación,

y líbranos del mal.

Amén.

Rito de la paz

Después del Padrenuestro, el sacerdote reza para estar unidos los unos a los otros en la paz de Cristo.

Sacerdote: La paz del Señor esté siempre con ustedes.

Pueblo: Y con tu espíritu.

A continuación, el sacerdote o diácono nos invita a compartir un saludo de paz con quienes están a nuestro alrededor, diciendo: "La paz sea contigo" o algo similar.

El sacerdote parte la hostia consagrada. Mientras tanto cantamos o rezamos el **Cordero de Dios**:

Cordero de Dios, que quitas el pecado
     del mundo,
  ten piedad de nosotros.
  Cordero de Dios, que quitas el pecado
     del mundo,
  ten piedad de nosotros.
  Cordero de Dios, que quitas el pecado
     del mundo,
  danos la paz.

4 Communion Rite

Now we prepare to receive the Body and Blood of Jesus Christ. We pray to be united with one another in Christ.

We stand and pray together
The Lord's Prayer:

Our Father, who art in heaven,

hallowed be thy name;

thy kingdom come,

thy will be done

on earth as it is in heaven.

Give us this day our daily bread,

and forgive us our trespasses,

as we forgive those who trespass against us;

and lead us not into temptation,

but deliver us from evil.

Sign of Peace

The priest prays that we will be united with one another in Christ's peace.

Priest: The peace of the Lord be with you always.

People: And with your spirit.

Then the priest or deacon invites us to offer a sign of peace to those around us.

We exchange a greeting of peace such as "The peace of the Lord be with you always."

The priest breaks the consecrated host. We all sing or say aloud the **Lamb of God**:

Lamb of God, you take away the sins of
the world,
have mercy on us.
Lamb of God, you take away the sins of
the world,
have mercy on us.
Lamb of God, you take away the sins of
the world,
grant us peace.

Comunión

Nos arrodillamos. El sacerdote eleva el Cuerpo de Cristo y el cáliz con la Sangre de Cristo, y reza diciendo:

Sacerdote: Este es el Cordero de Dios, que quita el pecado del mundo.

Dichosos los invitados a la cena del Señor.

Pueblo: Señor, no soy digno de que entres en mi casa, pero una palabra tuya bastará para sanarme.

El sacerdote recibe la Sagrada Comunión. A continuación, le ofrece el Cuerpo y la Sangre de Cristo al diácono y a los ministros extraordinarios de la Sagrada Comunión.

Inclinamos la cabeza. Recibimos el Cuerpo de Cristo, bajo la apariencia del pan, en la mano o la lengua.

Sacerdote: El Cuerpo de Cristo.

Pueblo: Amén.

Recibimos la Sangre de Cristo, bajo la apariencia del vino.

Sacerdote: La Sangre de Cristo.

Pueblo: Amén.

Después de recibir la Sagrada Comunión, regresamos a nuestro asiento para rezar, en silencio, con nuestras propias palabras. Le damos gracias a Jesús por el don de sí mismo en la Eucaristía.

Tras un momento de oración personal en silencio, el sacerdote nos invita a ponernos de pie y nos guía en la **Oración después de la Comunión**. Le pedimos a Dios que nos ayude a vivir como Jesús nos pide que vivamos.

Communion

We kneel. The priest raises the Body of Christ and the chalice with the Blood of Christ and prays:

Priest: Behold the Lamb of God,
behold him who takes away the sins of
the world.
Blessed are those called to the supper
of the Lamb.

People: Lord, I am not worthy
that you should enter under my roof,
but only say the word
and my soul shall be healed.

The priest receives Holy Communion. Then he offers the Body and Blood of Christ to the deacon and to the extraordinary ministers of Holy Communion.

We bow our heads. We receive the Body of Christ—under the appearance of bread—in our hands or on our tongue.

Priest: The Body of Christ.

People: Amen.

We receive the Blood of Christ under the appearance of wine.

Priest: The Blood of Christ.

People: Amen.

After we receive Holy Communion, we return to our place to pray quietly in our own words. We thank Jesus for the gift of himself in the Eucharist.

After a time of silent prayer, the priest invites us to stand and leads the **Prayer After Communion**. We ask God to help us live as Jesus has called us to live.

5. Rito de Conclusión

Continuamos de pie y el sacerdote nos invita a rezar.

Sacerdote: El Señor esté con ustedes.

Pueblo: Y con tu espíritu.

El sacerdote nos imparte la **bendición final**. Rezamos la Señal de la Cruz.

Sacerdote: La bendición de Dios todopoderoso, Padre, Hijo y Espíritu Santo, descienda sobre ustedes.

Pueblo: Amén.

En la **despedida** el sacerdote o diácono nos envía a amar y a servir al Señor y a nuestros hermanos y hermanas y a continuar la misión que nos ha sido encomendada durante la misa.

Sacerdote o diácono: Pueden ir en paz.

Pueblo: Demos gracias a Dios.

Que Dios te bendiga.

5 Concluding Rites

We continue standing as the priest invites us to pray.

Priest: The Lord be with you.

People: And with your spirit.

The priest offers the **Final Blessing**. We pray the Sign of the Cross.

Priest: May almighty God bless you, the Father, and the Son, and the Holy Spirit.

People: Amen.

In the **Dismissal**, we are sent to glorify the Lord by loving and serving him and one another, to continue the mission given to us at Mass.

Priest or deacon: Go in peace, glorifying the Lord by your life.

People: Thanks be to God.

May God bless you.

Recuerdo estas cosas acerca de la Sagrada Comunión

Respeto las siguientes reglas para recibir la Sagrada Comunión

Ayuno durante una hora antes de recibir la Sagrada Comunión. No consumo alimentos ni bebidas, salvo agua o medicinas.

Me encuentro en estado de gracia, libre de pecado mortal.

Recibo la Sagrada Comunión tan a menudo como me es posible.

Participo en la misa los domingos y los días de precepto.

Recibo la Sagrada Comunión por lo menos una vez al año, durante el tiempo de la Pascua de Resurrección.

Los días de precepto en los Estados Unidos de América

- 1º de enero—Santa María, Madre de Dios

- 40 días después de la Pascua o el Séptimo Domingo de Pascua— La Ascensión del Señor

- 15 de agosto—La Asunción de la Santísima Virgen María

- 1º de noviembre—Día de Todos los Santos

- 8 de diciembre—La Inmaculada Concepción de la Santísima Virgen María

- 25 de diciembre—La Natividad de Nuestro Señor Jesucristo

I Remember These Things About Holy Communion

I Respect These Rules for Receiving Holy Communion

I fast for one hour before receiving Holy Communion. I do not have any food or drink, except water or medicine.

I am in the state of grace, free from mortal sin.

I receive Holy Communion as often as possible.

I participate at Mass on Sundays and on holy days of obligation.

I receive Holy Communion at least once each year during the Easter season.

Holy Days of Obligation in the United States

- January 1—Mary, the Mother of God
- 40 days after Easter or the Seventh Sunday of Easter—Ascension of the Lord
- August 15—Assumption of the Blessed Virgin Mary
- November 1—All Saints
- December 8—Immaculate Conception of the Blessed Virgin Mary
- December 25—Nativity of the Lord

Recibo la Sagrada Comunión con reverencia

Cuando recibo el Cuerpo y la Sangre de Cristo, inclino la cabeza.

Para recibir la Sagrada Comunión en la mano, extiendo las dos manos con las palmas hacia arriba, colocando mi mano dominante bajo la otra.

El sacerdote o ministro extraordinario de la Sagrada Comunión dice: "El Cuerpo de Cristo".

Yo contesto: "Amén".

Después de recibir el Cuerpo de Cristo, tomo la hostia consagrada con mi mano dominante y la coloco en mi boca.

Si decido recibir la Sagrada Comunión en la lengua, entonces, después de decir "Amén", junto las manos, abro la boca y extiendo la lengua. Cierro la boca una vez que el Cuerpo de Cristo ha sido colocado sobre mi lengua.

El sacerdote o ministro extraordinario de la Sagrada Comunión ofrece el cáliz y dice: "La Sangre de Cristo".

Yo contesto: "Amén".

Entonces tomo el cáliz con mis propias manos. Bebo un poco de la Sangre de Cristo y devuelvo el cáliz.

Después de recibir la Sagrada Comunión, regreso a mi lugar y rezo.

I Receive Holy Communion with Reverence

When the Body and Blood of Christ are offered to me, I bow.

To receive Holy Communion in my hands, I extend my hands with my palms facing up, dominant hand below the other hand.

The priest or the extraordinary minister of Holy Communion says, "The Body of Christ."

I reply, "Amen."

After receiving the Body of Christ, I pick it up with my dominant hand and place it in my mouth.

If I choose to receive Holy Communion on my tongue, then after I say "Amen," I fold my hands, open my mouth, and extend my tongue. After the Body of Christ has been placed on my tongue, I close my mouth.

The priest or extraordinary minister of Holy Communion offers the chalice and says, "The Blood of Christ."

I reply, "Amen."

I then take the chalice in my own hands. I sip a small amount of the Blood of Christ and then return the chalice.

After receiving Holy Communion, I return to my place in church and pray.

Rezo estas oraciones

Señal de la Cruz

En el nombre del Padre
y del Hijo
y del Espíritu Santo.
Amén.

Padrenuestro

Padre nuestro que estás en el cielo,
santificado sea tu Nombre;
venga a nosotros tu Reino;
hágase tu voluntad
en la tierra como en el cielo.
Danos hoy
nuestro pan de cada día;
perdona nuestras ofensas,
como también nosotros perdonamos
a los que nos ofenden;
no nos dejes caer en la tentación,
y líbranos del mal.
Amén.

Gloria al Padre

Gloria al Padre
y al Hijo
y al Espíritu Santo.
Como era en el principio,
ahora y siempre,
por los siglos de los siglos.
Amén.

Avemaría

Dios te salve, María,
llena eres de gracia;
el Señor es contigo.
Bendita Tú eres
entre todas las mujeres,
y bendito es el fruto de tu vientre, Jesús.
Santa María, Madre de Dios,
ruega por nosotros, pecadores,
ahora y en la hora de nuestra muerte.
Amén.

I Pray These Prayers

Sign of the Cross

In the name of the Father,
and of the Son,
and of the Holy Spirit. Amen.

Lord's Prayer

Our Father, who art in heaven,
hallowed be thy name;
thy kingdom come,
thy will be done
on earth as it is in heaven.
Give us this day our daily bread,
and forgive us our trespasses,
as we forgive those who trespass
  against us;
and lead us not into temptation,
but deliver us from evil.
Amen.

Glory Be to the Father

Glory be to the Father,
and to the Son,
and to the Holy Spirit.
As it was in the beginning,
is now, and ever shall be,
world without end. Amen.

Hail Mary

Hail Mary, full of grace,
the Lord is with you.
Blessed are you among women,
and blessed is the fruit of your
  womb, Jesus.
Holy Mary, Mother of God,
pray for us sinners,
now and at the hour
  of our death.
Amen.

Credo de los Apóstoles

Creo en Dios,
  Padre Todopoderoso,
  Creador del cielo y de la tierra.

Creo en Jesucristo, su único Hijo,
  Nuestro Señor,

que fue concebido por obra y
  gracia del Espíritu Santo,
  nació de Santa María Virgen,

padeció bajo el poder de Poncio Pilato,
  fue crucificado,
  muerto y sepultado,

descendió a los infiernos,
  al tercer día resucitó de entre
  los muertos,
  subió a los cielos
  y está sentado a la derecha
  de Dios, Padre todopoderoso.
  Desde allí ha de venir a
  juzgar a vivos y muertos.

Creo en el Espíritu Santo,
la santa Iglesia católica,
  la comunión de los santos,
el perdón de los pecados,
  la resurrección de la carne
  y la vida eterna. Amén.

Bendición de la mesa antes de comer

Bendícenos, Señor,
y bendice estos alimentos
que por tu bondad
vamos a tomar.
Por Jesucristo Nuestro
  Señor.
Amén.

Bendición de la mesa después de comer

Te damos gracias, Señor,
por todos tus beneficios.
Tú que vives y reinas
por los siglos de los siglos.
[El Señor nos de su paz y la vida eterna.]
Amén.

Oración de la mañana

Dios y Padre nuestro,
te ofrezco todos mis pensamientos y palabras
de este día.
Los uno a lo que nuestro Señor Jesucristo,
tu Hijo, hizo sobre la tierra.
Amén.

Apostles' Creed

I believe in God,

the Father almighty,

Creator of heaven and earth,

and in Jesus Christ, his only Son, our Lord,

who was conceived by the Holy Spirit,

born of the Virgin Mary,

suffered under Pontius Pilate,

was crucified, died and was buried;

he descended into hell;

on the third day he rose again from the dead;

he ascended into heaven,

and is seated at the right hand of God the
   Father almighty;

from there he will come to judge the living
   and the dead.

I believe in the Holy Spirit,

the holy catholic Church,

the communion of saints,

the forgiveness of sins,

the resurrection of the body,

and life everlasting. Amen.

Prayer Before Meals

Bless us, O Lord, and these your gifts

which we are about to receive from
   your goodness.

Through Christ our Lord.

Amen.

Prayer After Meals

We give you thanks

for all your gifts,

almighty God,

living and reigning

now and for ever.

Amen.

Morning Prayer

God, our Father,

I offer you today

all that I think and do and say.

I offer it with what was done
   on earth

by Jesus Christ, your Son.

Amen.

Esta es una actividad de calcomanías para ti. Tu catequista te guiará.

I See These People and Things at Mass

Here is a sticker activity for you. Your catechist will guide you.

Conozco estas palabras

Bautismo   sacramento que nos libera del pecado original y que nos da una nueva vida en Jesucristo, por medio del Espíritu Santo. El *Bautismo* es el primero de los tres sacramentos de la Iniciación, mediante los cuales nos convertimos en miembros plenos de la Iglesia. Los otros dos sacramentos de la Iniciación son la Confirmación y la Eucaristía.   *[Baptism]*

Confirmación   sacramento que completa la gracia que recibimos en el Bautismo. La *Confirmación* es el sacramento de la Iniciación mediante el cual nos fortalecemos en la fe. Los otros dos sacramentos de la Iniciación son el Bautismo y la Eucaristía.   *[Confirmation]*

Eucaristía   sacramento en el cual el Cuerpo y la Sangre de Cristo se hacen presentes bajo la apariencia de pan y vino. La *Eucaristía* es el sacramento de la Iniciación mediante el cual alabamos y damos gracias a Dios por habernos dado a Jesucristo. Los otros dos sacramentos de la Iniciación son el Bautismo y la Confirmación.   *[Eucharist]*

Bautismo
Baptism

misa   nuestra manera más importante de rezarle a Dios. Durante la *misa* escuchamos la Palabra de Dios y recibimos el Cuerpo y la Sangre de Jesucristo en la Sagrada Comunión.   *[Mass]*

sacramento   una de las siete formas mediante las cuales la vida de Dios, por la acción del Espíritu Santo, se hace presente en nuestra vida. Los siete *sacramentos* son: el Bautismo, la Confirmación, la Eucaristía, la Reconciliación, la Unción de los Enfermos, el Orden Sacerdotal y el Matrimonio.   *[sacrament]*

I Know These Words

Chapter 1

Baptism the sacrament that frees us from Original Sin and gives us new life in Jesus Christ through the Holy Spirit. *Baptism* is the first of the three Sacraments of Initiation by which we become full members of the Church. The other two Sacraments of Initiation are Confirmation and the Eucharist. *[Bautismo]*

Confirmation the sacrament that completes the grace we receive in Baptism. *Confirmation* is the Sacrament of Initiation in which we are made stronger in our faith. The other two Sacraments of Initiation are Baptism and the Eucharist. *[Confirmación]*

Eucharist the sacrament in which the Body and Blood of Christ is made present under the appearances of bread and wine. The *Eucharist* is the Sacrament of Initiation in which we give praise and thanks to God for giving us Jesus Christ. The other two Sacraments of Initiation are Baptism and Confirmation. *[Eucaristía]*

Holy Communion the Body and Blood of Jesus Christ that we receive at Holy Mass. In *Holy Communion,* we receive the Body and Blood of Jesus Christ. *[Sagrada Comunión]*

Mass our most important way of praying to God. At *Mass,* we listen to God's Word and receive the Body and Blood of Jesus Christ in Holy Communion. *[misa]*

Eucharist
Eucaristía

sacramentos de la Iniciación los tres sacramentos que nos hacen miembros plenos de la Iglesia. Los *sacramentos de la Iniciación* son el Bautismo, que nos libera del pecado original; la Confirmación, que nos fortalece en la fe; y la Eucaristía, en la que recibimos el Cuerpo y la Sangre de Cristo. *[Sacraments of Initiation]*

Sagrada Comunión el Cuerpo y la Sangre de Jesucristo que recibimos en la Santa Misa. En la *Sagrada Comunión* recibimos el Cuerpo y la Sangre de Jesucristo. *[Holy Communion]*

Trinidad el misterio de un solo Dios en tres Personas. Dios Padre, Dios Hijo y Dios Espíritu Santo son la Santísima *Trinidad*. *[Trinity]*

altar la mesa en la iglesia sobre la que el sacerdote celebra la misa. El pan y el vino se ofrecen a Dios sobre el *altar* y se convierten en el Cuerpo y la Sangre de Cristo. *[altar]*

Biblia la historia escrita de la promesa de Dios de cuidar de nosotros, especialmente a través de su Hijo, Jesús. Escuchamos lecturas de la *Biblia* durante la misa. *[Bible]*

lector la persona que proclama la Palabra de Dios durante la misa. En la misa escuchamos al *lector* leer del Antiguo y Nuevo Testamento. *[lector]*

misericordia bondad y perdón que se ofrece a alguien. Cuando pecamos, pedimos a Dios su *misericordia*. *[mercy]*

Trinidad
Trinity

sacrament one of seven ways through which God's life enters our lives by the power of the Holy Spirit. The seven *sacraments* are Baptism, Confirmation, Eucharist, Reconciliation, Anointing of the Sick, Holy Orders, and Matrimony. *[sacramento]*

Sacraments of Initiation the three sacraments that make us full members of the Church. The *Sacraments of Initiation* are Baptism, which frees us from Original Sin; Confirmation, which strengthens our faith; and the Eucharist, in which we receive the Body and Blood of Christ. *[sacramentos de iniciación]*

Trinity the mystery of one God in three Persons. God the Father, God the Son, and God the Holy Spirit are the *Trinity*. *[Trinidad]*

altar the table in the church on which the priest celebrates Mass. On the *altar,* the bread and wine are offered to God and are transformed into the Body and Blood of Christ. *[altar]*

Bible the written story of God's promise to care for us, especially through his Son, Jesus. We listen to readings from the *Bible* at Mass. *[Biblia]*

lector the person who proclaims the Word of God at Mass. At Mass, we listen to the *lector* read from the Old and New Testaments. *[lector]*

mercy kindness and forgiveness offered to another. When we sin, we ask for God's *mercy*. *[misericordia]*

altar
altar

Antiguo Testamento la primera parte de la Biblia. En el *Antiguo Testamento* leemos la historia de cómo Dios preparó a su pueblo para la venida de Jesús. *[Old Testament]*

Credo un resumen de lo que las personas creen. El *Credo* de los Apóstoles es un resumen de las creencias cristianas. *[Creed]*

Evangelio la Buena Nueva del amor de Dios por nosotros. En los *Evangelios* de Mateo, Marcos, Lucas y Juan aprendemos la historia de la vida, muerte, Resurrección y Ascensión de Jesús. *[Gospel]*

homilía una explicación de la Palabra de Dios. En la *homilía* se explica cómo vivir según el mensaje que escuchamos en las lecturas de la misa. *[homily]*

Nuevo Testamento la segunda parte de la Biblia. En el *Nuevo Testamento* leemos la historia de Jesús y de la Iglesia de los primeros siglos. *[New Testament]*

Sagradas Escrituras los escritos sagrados de los judíos y cristianos, reunidos en el Antiguo y Nuevo Testamento de la Biblia. Durante la misa, escuchamos la Palabra de Dios proclamada de las *Sagradas Escrituras.* *[Sacred Scripture]*

salmo una oración en forma de poema. Hay 150 *salmos* en el libro de los Salmos del Antiguo Testamento. *[psalm]*

bendición oración que invoca el poder y el amor de Dios para que desciendan sobre una persona, un lugar, un objeto o una actividad especial. Al finalizar la misa, el sacerdote nos da una *bendición* y nos dice que vayamos en paz. *[blessing]*

sacrificio un don que se ofrece a Dios para darle gracias. La muerte de Jesús en la cruz fue el *sacrificio* supremo. *[sacrifice]*

Conozco estas palabras

Creed a summary of what people believe. The Apostles' *Creed* is a summary of Christian beliefs. *[Credo]*

Gospel the Good News of God's love for us. In the *Gospels* of Matthew, Mark, Luke, and John, we learn the story of Jesus' life, Death, Resurrection, and Ascension. *[Evangelio]*

Homily an explanation of God's Word. A *Homily* explains how to live according to the message we hear in the readings at Mass. *[homilía]*

New Testament the second part of the Bible. In the *New Testament,* we read the story of Jesus and the early Church. *[Nuevo Testamento]*

Old Testament the first part of the Bible. In the *Old Testament,* we read the story of how God prepared the people for the coming of Jesus. *[Antiguo Testamento]*

psalm a prayer in the form of a poem. There are 150 *psalms* in the Old Testament Book of Psalms. *[salmo]*

Sacred Scripture the holy writings of Jews and Christians collected in the Old and New Testaments of the Bible. At Mass, we hear God's Word proclaimed from *Sacred Scripture.* *[Sagrada Escritura]*

Gospels
Evangelios

Chapter 5

blessing a prayer that calls for God's power and care upon some person, place, thing, or activity. At the end of Mass, the priest gives us a *blessing* and tells us to go in peace. *[bendición]*

sacrifice a gift given to God to give him thanks. Jesus' death on the cross was the greatest *sacrifice.* *[sacrificio]*

Capítulo 6

Consagración el pan y el vino se convierten en el Cuerpo y la Sangre de Cristo por el poder del Espíritu Santo y las palabras y acciones del sacerdote. La *Consagración* es parte de la Plegaria Eucarística. *[Consecration]*

Plegaria Eucarística parte central de la misa en la que el sacrificio de Jesús se hace presente una vez más mediante las palabras y acciones del sacerdote. Durante la misa, la *Plegaria Eucarística* es nuestra oración de acción de gracias. *[Eucharistic Prayer]*

Última Cena la última comida que Jesús compartió con sus discípulos la noche antes de morir. Cada misa es una conmemoración de la *Última Cena*. *[Last Supper]*

Capítulo 7

cáliz la copa que se usa para la Consagración del vino durante la misa. Bebo del *cáliz* cuando recibo la Sangre de Cristo en la Sagrada Comunión. *[chalice]*

hostia el pan sin levadura que se usa en la misa. Las *hostias* consagradas se conservan en el sagrario o tabernáculo. *[host]*

Capítulo 8

gracia un don que Dios nos ha dado sin que tengamos que ganarlo. La *gracia* nos llena de la vida de Dios y nos mantiene cerca de él. *[grace]*

cáliz
chalice

Chapter 6

Consecration the bread and wine are transformed into the Body and Blood of Christ by the power of the Holy Spirit and the words and actions of the priest. The *Consecration* is part of the Eucharistic Prayer. *[Consagración]*

Eucharistic Prayer the central part of the Mass when the sacrifice of Jesus is made present again through the words and actions of the priest. At Mass, the *Eucharistic Prayer* is our prayer of thanksgiving. *[Plegaria Eucarística]*

Last Supper the last meal Jesus ate with his disciples on the night before he died. Every Mass is a remembrance of the *Last Supper*. *[Última Cena]*

Chapter 7

chalice the cup used for the Consecration of wine at Mass. I drink from the *chalice* when I receive the Blood of Christ in Holy Communion. *[cáliz]*

host the unleavened bread used at Mass. Consecrated *hosts* are kept in the tabernacle. *[hostia]*

hosts
hostias

Chapter 8

grace a gift of God given to us without our earning it. *Grace* fills us with God's life and keeps us close to him. *[gracia]*

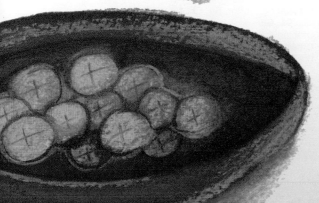

Índice temático

Index

Índice bíblico

Scripture Index

Old Testament

New Testament

Reconocimientos/ Acknowledgments

Todas las ilustraciones de las mariposas y los lápices son obra de/*All butterfly and pencil art by Carrie Gowran*

Créditos de las fotografías/*Photography Credits:*

En las páginas con varias ilustraciones, los reconocimientos de las ilustraciones están enumerados de izquierda a derecha y de arriba hacia abajo. Las páginas "(a)" indican las páginas de la izquierda y las páginas "(b)" indican las de la derecha.

On pages with multiple images, credits are listed left to right, top to bottom. "(a)" page numbers indicate left pages, "(b)" page numbers indicate right pages.

Introducción/*Front Matter*

i Susan Tolonen. iii The Crosiers/Gene Plaisted, OSC; Gelpi JM/Shutterstock.com. iv Jasper Cole/Blend Images/Corbis; C Squared Studios/Photodisc/Getty Images. iv(b) Torontonian/Alamy; INSADCO Photography/Alamy. v(a) © iStockphoto.com/pringletta; © iStockphoto.com/jaroon. v(b) Fuse/Thinkstock; Blend Images Photography/Veer.

Capítulo/*Chapter 1*

1 Ocean Photography/Veer. 2–3 Anna Leplar. 4(a)©iStockphoto.com/JasonDoiy.4(b)Okea/iStock/Thinkstock; ©iStockphoto.com/Mgov. 5(a)©iStockphoto.com/dandanian; © iStockphoto.com/EasyBuy4u. 5(b) © iStockphoto.com/miir. 6(a) Bill Wittman; Kasey Hund. 6(b) Marina Seoane. 7 Yoshi Miyake. 8(a) Bill Wittman; Royalty-free photo; mihtiander/iStock/Thinkstock. 8(b) Baptism, by the Aguilar family. Museum of International Folk Art, Santa Fe, New Mexico, Gift of the Girard Foundation. Photo by Michel Monteaux. 9(a) Royalty-free photo; (músicos/*musicians*) Guillermina Aguilar; Naho Yoshizawa/Aflo/Corbis. 10(a) Philippe Lissac/Godong/Corbis; art12321/iStock/Thinkstock. 10(b) Pascal Deloche/Godong/Corbis.

Capítulo/*Chapter 2*

11 David P. Hall/Corbis; (merged) © iStockphoto.com/tiler 84. 12–13 Anna Leplar. 14(a) Jupiterimages. 14(b) Spencer Grant/PhotoEdit; (c, b) © iStockphoto.com/small_frog. 15 Yoshi Miyake. 16(a) imageBROKER/Alamy; Naho Yoshizawa/Aflo/Corbis. 16(b) Phil Martin Photography; (merged) © iStockphoto.com/alex_black. 17(a) Warling Studios. 17(b) Warling Studios. 18(a) The Crosiers/Gene Plaisted, OSC. 18(b) © iStockphoto.com/pringletta; Warling Studios. 19(a) © iStockphoto.com/stphillips; Pete Pahham/Shutterstock.com. 19(b) © iStockphoto.com/pringletta; Chris Alvanas/Media Bakery. 20(a) SW Productions/Getty Images. 20(b) Bill Wittman.

Capítulo/*Chapter 3*

21 © iStockphoto.com/cjp. (merged) © iStockphoto.com/Antagain 22–23 Anna Leplar. 24(a) Amy Nicolai/Dreamstime.com. 24(b) Jupiterimages/ Stockbyte/Thinkstock; Ben Welsh/Media Bakery. 25(a) Jupiterimages; © iStockphoto.com/Fertnig. 25(b) © iStockphoto.com/JoseGirarte. 26(a) Phil Martin Photography; © iStockphoto.com/Sorapop. 27 Yoshi Miyake. 28(a) © iStockphoto.com/webphotographeer; Matthieu Spohn/PhotoAlto/Corbis. 28(b) Media Bakery. 29(a) © iStockphoto.com/ElChoclo. 29(b) © iStockphoto.com/princessdlaf. 30(a) Warling Studios. 30(b) © iStockphoto.com/abalcazar.

Capítulo/*Chapter 4*

31 Todd Wright/Media Bakery. 32–33 Anna Leplar. 34(a) Nancy Bauer/Shutterstock.com; Phil Martin Photography. 34(b) Phil Martin Photography; © iStockphoto.com/ajt. 35(a) David Young-Wolff/PhotoEdit; Joe Vogan/Alamy. 35(b) Robert Nicholas/Media Bakery. 36(a) Jupiterimages; © iStockphoto.com/graphixel. 36(b) Yukmin/Asia Images/Corbis; Jade Brookbank/Media Bakery. 38(a) monkeybusinessimages/iStock/Thinkstock; HandmadePictures/iStock/Thinkstock; Bozena_Fulawka/iStock/Thinkstock. 38(b) Gelpi JM/Shutterstock; C Squared Studios/Photodisc/Getty Images. 39(a) Andrew Geiger/Media Bakery. 39(b) C Squared Studios/Photodisc/Getty Images. 40(a) © iStockphoto.com/CEFutcher; Polina Bobrik/iStock/Thinkstock. 40(b) Jose Luis Pelaez/Media Bakery.

Capítulo/*Chapter 5*

41 Blend Images/Alamy. 42–43 Anna Leplar. 44(a) James Shaffe/PhotoEdit; Brand X Pictures/Stockbyte/Getty Images; Mega_Pixel/iStock/Thinkstock; © iStockphoto.com/aldra. 44(b)© iStockphoto.com/Lepro;© iStockphoto.com/helgy716. 45(a) © iStockphoto.com/small_frog. 45(b) Phil Martin Photography. 46(a) Jamiie Grill/Media Bakery. 46(b) Joy Allen; Floresco Productions/Media Bakery. 47 Yoshi Miyake. 48(a) DavidAsaVigil/iStock/Thinkstock; Andresr/iStock/Thinkstock. 48(b) Fuse/Thinkstock; prapassong/iStock/Thinkstock. 49(a) Media Bakery; © iStockphoto.com/1MoreCreative. 49(b) petrograd99/iStock/Thinkstock; Royalty-free image. 50(a) Ron Nickel/Media Bakery; evtushenko_ira/iStock/Thinkstock. 50(b) Stefanie Grewel/Corbis.

Capítulo/*Chapter 6*

51 Chris Whitehead/Media Bakery. 52_53 Anna Leplar. 54(a) Jupiterimages; Godong/Media Bakery. 54(b) Artazia.com. 55(a) Warling Studios; © iStockphoto.com/small_frog. 55(b) Digital Vision/Photodisc/Getty Images; Olga Telnova/iStock/Thinkstock; baza178/Shutterstock.com. 56(a) Zvonimir Atletic/Shutterstock.com; Digital Vision/Getty Images. 56(b) Media Bakery; Bluerain/Shutterstock.com. 57 Yoshi Miyake. 58(a) The Crosiers/Gene Plaisted, OSC; photowings/Shutterstock.com; violetkaipa/Shutterstock.com. 58(b) weter 777/Shutterstock.com; © iStockphoto.com/mladn61. 59(a) © iStockphoto.com/ginosphotos; (merged) © iStockphoto.com/highviews. Hill Street Studios/Blend Images/Getty Images. 59(b) Marcel Mooij/Veer. 60(a) Digital Vision/Photodisc/Thinkstock; 60(b) igor vorobyov/iStock/Thinkstock.

Capítulo/*Chapter 7*

61 Media Bakery. 62–63 Anna Leplar. 64(a) Siede Preis/Photodisc/Getty Images; Christopher Boswell/Shutterstock.com. 64(b) Jupiterimages; Anna Leplar. 65(a) Ivan Vdovin/Alamy; Phil Martin Photography. 65(b) © iStockphoto.com/IS_ImageSource. 66(a) James Shaffer/PhotoEdit; James Shaffer/PhotoEdit. 66(b) Godong/Media Bakery; © iStockphoto.com/small_frog. 67 Yoshi Miyake. 68(a) Hemera/Thinkstock; ZouZou/Shutterstock.com. 68(b) © iStockphoto.com/CEFutcher. 69(a) Frederic Cirou/Media Bakery; Warling Studios. 69(b) Media Bakery; Wang, Elizabeth/Private Collection/© Radiant Light/Bridgeman Images. 70(a) MIXA next/Thinkstock; © iStockphoto.com/Tiax. 70(b) Jose Luis Pelaez Inc./Blend Images/Thinkstock.

Capítulo/*Chapter 8*

71 Peter Mason/Media Bakery. 72–73 Anna Leplar. 74(a) Blend Images Photography/Veer; Top Photo Group/Thinkstock. 74(b) © iStockphoto.com/MariaBobrova. 75(a) Blend Images Photography/Veer; Warling Studios; Robert Adrian Hillman/iStock/Thinkstock. 75(b) P Deliss/Media Bakery. 76(a) Roderick Paul Walker/Alamy. 76(b) © iStockphoto.com/lisegagne; © iStockphoto.com/stanisam. 78(a) Attila Barabas/iStock/Thinkstock; Jupiterimages; Joy Allen. 79(a) LattaPictures/iStock/Thinkstock; Joy Allen. 79(b) Stockbyte/Jupiterimages/Thinkstock; © iStockphoto.com/Rouzes. 80(a) © iStockphoto.com/jtyler; James Daniels/Shutterstock.com. 80(b) Warling Studios.

Sección final/*End Matter*

81(a) Zvonimir Atletic/Shutterstock.com; Roman Dementyev/Shutterstock.com. 81(b) Susan Tolonen; Bill Wittman. 82(a) M. Carrieri/Bridgeman Images; The Crosiers/Gene Plaisted, OSC. 82(b) C Squared Studios/Photodisc/Getty Images; Tony Freeman/PhotoEdit. 83(a) © iStockphoto/pringletta; © iStockphoto/IS_ImageSource. 83(b) Stephen McBrady/PhotoEdit. 84(a) The Crosiers/Gene Plaisted, OSC. 84(b) Phil Martin Photography. 85(a) vadim kozlovsky/Shutterstock.com. 85(b) Warling Studios. 86(a) Warling Studios. 86(b) AJD images/Alamy; Bill Wittman. 87(a) © iStockphoto/stockcam. 87(b) Heritage Image Partnership Ltd/Alamy. 88(a) The Crosiers/Gene Plaisted, OSC. 88(b) Torontonian/Alamy. 89(a) Warling Studios. 89(b) © iStockphoto/small_frog. 90(a) David Young-Wolff/PhotoEdit. 90(b) The Crosiers/Gene Plaisted, OSC; © iStockphoto/yelo34. 91(a) Wiliam Perry/Alamy. 91(b) Phil Martin Photography. 92(a) Bill Wittman. 92(b) Tina ManleyAlamy. 93(a) Warling Studios. 93(b) Michael Newman/PhotoEdit. 94(a) Takamex/Shutterstock.com. 94(b) © iStockphoto/tzara; Siede Preis/PhotoEdit/Getty Images. 95(a) AgnusImages.com. 95(b) Myrleen Pearson/PhotoEdit. 96(a) ArtBitz/Shutterstock.com. 96(b) The Crosiers/Gene Plaisted, OSC; Jupiterimages/Stockbyte/Thinkstock. 97(a) Jupiterimages/Stockbyte/Thinkstock. 97(b) moodboard/Thinkstock. 98 Phyllis Pollema-Cahill. 99–102 Susan Tolonen.

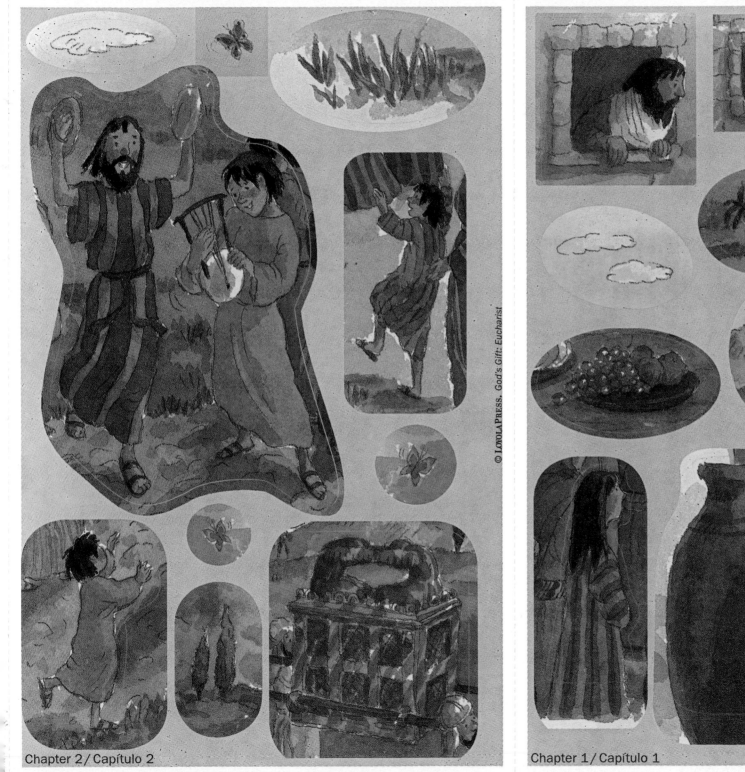

Chapter 2 / Capítulo 2

Chapter 1 / Capítulo 1

Estas son las calcomanías para usar en la página 98 de tu libro. Tu catequista te indicará el momento para usarlas.

lector

cáliz

pila bautismal

hostias

Evangeliario

diácono

monaguillos

sacerdote

ambón

ministro extraordinario de la Sagrada Comunión

cruz procesional

crucifijo

sagrario

altar

cantor

Veo estas personas y cosas durante la misa

Here are your stickers for pages 98–99 of your book. Your catechist will let you know how to use them.

lector

chalice

baptismal font

hosts

Book of the Gospels

deacon

altar servers

priest

ambo

extraordinary minister of Holy Communion

processional cross

crucifix

tabernacle

altar

leader of song

I See These People and Things at Mass